LA BOUQUETIÈRE DES CHAMPS-ÉLYSÉES,

DRAME-VAUDEVILLE EN TROIS ACTES,

Par MM. Paul de Kock et Valory,

MUSIQUE ARRANGÉE PAR M. ADOLPHE, DÉCORATIONS DE MM. DEVOIR ET POURCHET,

REPRÉSENTÉ POUR LA PREMIÈRE FOIS, A PARIS, SUR LE THÉATRE DES FOLIES-DRAMATIQUES,
LE 20 FÉVRIER 1838.

PERSONNAGES.	ACTEURS.	PERSONNAGES.	ACTEURS.
ERNEST DALIGNY, jeune peintre.	M. JULES JUTEAU.	garde-malade et femme de ménage de Daligny.	Mme HOUDRY.
JULES DERSY, riche dandy.	M. MASQUILLIER.	DODORE, son fils, rapin de Daligny.	Mlle FANNY.
NÉRON-GUSMAN SOLIMAN, marchand de chevaux.	M. VILLARS.	BETZY, suivante anglaise.	Mlle AGLAÉ.
SÉRAPHINE, jeune fille.	Mlle SOPHIE.	JUSTIN, valet.	M. ERNEST.
Mme BOQUET, loueuse de chaises.		UN VIEUX BONHOMME.	M. BELMONT.
		UN GARÇON DE CAFÉ.	M. DESQUEL.

S'adresser, pour la musique, à M. ADOLPHE, chef d'orchestre.

ACTE PREMIER.

Une chambre de garçon ; au fond, une alcôve et un lit ; portes latérales, celle de gauche donne sur le carré.

SCÈNE PREMIÈRE.

SÉRAPHINE, *seule, achevant de faire le lit.*

Là... voici le lit fait. Quand je songe que c'est là que j'ai passé la nuit, dans cette chambre qui n'est pas la mienne, il me semble que c'est un rêve ; et pourtant tout cela est bien réel, car je n'ai pas fermé l'œil de la nuit. Cette aventure d'hier au soir, l'image de mon libérateur étaient sans cesse devant mes yeux. Bon jeune homme ! montrer tant de courage, de générosité pour une jeune fille qu'il ne connaît pas ! Ah ! je n'oublierai jamais un tel service ! mais, hélas ! me sera-t-il possible de le reconnaître ?

Air : *Je suis comme l'oiseau* (Frère Philippe).

Je suis orpheline et sans bien,
Je n'ai point d'appui sur la terre ;
Sans protecteur et sans soutien,
Pour d'autres que pourrai-je faire ?
Mais je le sens au fond du cœur,
A défaut d'autre récompense,
Pour payer mon libérateur
J'aurai de la reconnaissance !
Toujours pour mon libérateur
J'aurai de la reconnaissance !

Je n'entends aucun bruit dans l'autre chambre ; il dort encore sans doute. Ah ! je voudrais bien savoir quel est ce jeune homme, son nom, ce qu'il fait ; s'il ne me le dit pas, je n'oserai le lui demander. Mais j'entends monter l'escalier ; on s'arrête à la porte. Ah ! mon Dieu ! si quelqu'un me trouvait ici, chez un jeune homme, à cette heure, que penserait-on de moi ?

Mme BOQUET, *en dehors.*

Tiens, la clef est à la porte! Ah ben! c'est plus commode!

Elle ouvre.

SÉRAPHINE.

C'est une femme; elle ouvre. O mon Dieu! que faire?

Elle se tient un peu au fond; Mme Boquet entre.

SCÈNE II.

SÉRAPHINE, Mme BOQUET.

Mme BOQUET, *tenant une botte de lait et ne voyant pas encore Séraphine.*

Quoique ça, monsieur Daligny, c'est imprudent de laisser vot' clef en dehors, parce qu'il y a des particuliers qui font comme ça le vol *au bonjour.* Avec ça qu'en bas vot' portier n' s'occupe que de sa pie! joli suisse que ça fait! Eh ben! il ne me répond pas, M. Daligny! il dort peut-être encore; ça ne m'empêchera pas de balayer son atelier : je ne ferai pas de bruit. (*Elle se retourne et aperçoit Séraphine.*) Ah ben! qu'est-ce que je vois là?

SÉRAPHINE, *à part.*

Je ne sais que dire.

Mme BOQUET.

Une jeunesse! à huit heures du matin, ici, c'est du joli! Qu'est-ce que vous faites donc là, mam'zelle?

SÉRAPHINE.

Moi?... mais... rien, madame.

Mme BOQUET.

Et la chambre rangée, balayée, le lit fait! Ah! mon Dieu! aurait-il pris une autre femme de ménage?

SÉRAPHINE.

Oh! non, madame, ne craignez rien; ce n'est pas pour cela que je suis ici.

Mme BOQUET.

Ce n'est pas pour ça? Ah! oui, je comprends...

SÉRAPHINE.

Ah! madame, de grâce! n'allez pas supposer...

Mme BOQUET.

Supposer! je ne suppose rien, ma petite; mais ce n'est pas à la veuve Boquet qu'on en fait accroire. Quand on est, comme moi, femme de ménage le matin, loueuse de chaises le soir, et garde-malade la nuit, on a de l'expérience. Je n'étais pas née pour faire tout cela; mais les révolutions!... Ah! Dieu! j'en ai traversé trois! j'y ai perdu toute ma fortune : quatre cents livres de rente; mais je suis restée fixe sur les principes et la probité.

SÉRAPHINE.

Mais, madame, pour qui donc me prenez-vous?

Mme BOQUET.

Suffit! je vous dis qu'on a de l'expérience! j'ai reçu ben des deux sous de grandes dames qui se pavanaient sur mes chaises aux Champs-Élysées, et puis que je retrouvais le matin dans la chambre d'un étudiant en médecine, ou dans la mansarde d'un commis-marchand. Vous avez fait la connaissance de M. Ernest Daligny, pisque vous êtes chez lui? C'est un brave jeune homme, un peintre rempli de talent; il donne des leçons à mon fils Dodore, le seul enfant que les révolutions m'aient laissé.

SÉRAPHINE.

Ah! ce monsieur est peintre?

Mme BOQUET.

En portrait... de toutes grandeurs. Ah! vous aviez peut-être cru que c'était un capitaliste, qu'il avait voiture? Ah! ben, vous vous êtes grandement trompée! M. Ernest est aussi fier que désintéressé, ce qui fait que tout son avoir consiste en billets protestés et en termes échus; enfin, qu'il ne possède que des dettes! et si vous avez cru, en faisant sa connaissance, qu'il allait vous enrichir, faudra terriblement décompter!

SÉRAPHINE, *pleurant.*

Ah! suis-je assez humiliée!

Mme BOQUET.

Vous pleurez! Ah! je conçois, il vous avait peut-être promis un cachemire pour aujourd'hui. Ces étoffes du Levant, c'est la perdition des jeunes filles! Mais croyez-moi, ma chère, pour vous parer, ne comptez jamais que sur votre travail, c'est Joséphine Cliquot, veuve Boquet, qui vous dit ça. J'ai été jeune aussi, et pas trop déchirée; si j'avais voulu, j'aurais pu glisser, tout comme tant d'autres, et tomber sur des cachemires et des chapeaux à plumes. J'ai mieux aimé marcher droit au temple de l'hyménée, conduite par un sergent-major, invalide d'un bras, qui, à sa mort, ne m'a laissé que mon amour de Dodore, un garçon adoré, qui a toutes les dispositions, mais qui ne veut rien faire! Ah! dam, je fus un brin embarrassée alors; heureusement, j'avais de puissantes protections.

AIR : *Baiser au portier.*

Je n'avais pas toutes mes aises,
Et pour élever mon enfant,
Je me dis : Faut louer des chaises
Dans quelque quartier opulent,
Ça rapport' toujours quelque argent.
L' gouvernement, quoique économe,
A c'te faveur trouva qu' j'avais des droits,
Moyennant une grosse somme
Qu'il m' fait lui payer tous les mois.

Ah çà! mais où donc est-il, M. Ernest?

SÉRAPHINE.

Mais là, dans la chambre où il a passé la nuit, puisqu'il a bien voulu me prêter la sienne.

Mme BOQUET.

Vous prêter... (*A part.*) Qu'est-ce que ça signifie? (*On frappe à droite.*) Qu'est-ce qui frappe?

DALIGNY, *en dehors.*

Mademoiselle, êtes-vous levée?

Mme BOQUET.

C'est M. Daligny.

SÉRAPHINE.

Oui, monsieur, vous pouvez entrer.

DALIGNY.

Alors tirez votre verrou.

SÉRAPHINE, *avec douceur à* Mme *Boquet.*
Eh bien ! madame, vous voyez que vous vous étiez trompée ?

Elle va tirer le verrou.

Mme BOQUET.
Serait-il Dieu possible ? Je n'en reviens pas !

SCÈNE III.

LES MÊMES, DALIGNY.

DALIGNY.
Bonjour, mademoiselle. Comment avez-vous passé la nuit ?

SÉRAPHINE.
Très-bien, monsieur, grâce à vous ! pour qui je conserverai une éternelle reconnaissance !

DALIGNY.
Allons donc, ne parlons pas de cela. Hé ! voilà la mère Boquet.

Mme BOQUET.
Oui, monsieur, j'étais venue pour faire votre ménage, comme de coutume ; mais puisque mamzelle a tout fait...

DALIGNY, *à Séraphine.*
Quoi ! vous auriez pris cette peine ? En ce cas, mère Boquet, vous allez vous occuper du déjeuné. (*A Séraphine.*) Vous voudrez bien le partager avec moi ?

SÉRAPHINE.
Monsieur...

DALIGNY.
Ah ! vous ne me refuserez pas cette faveur ?

Mme BOQUET.
J' vas veiller sur le lait. (*A part.*) Je ne suis pas fâchée de rester. Je saurai peut-être l'histoire de la jeune fille.

SÉRAPHINE.
Mais, vous, monsieur, vous avez dû bien mal dormir, dans cette chambre, sur une chaise ?

DALIGNY.
Moi ? j'ai parfaitement reposé.

SÉRAPHINE.
Ah ! je n'oublierai jamais votre noble conduite ; m'avoir secourue, protégée sans me connaître !

DALIGNY.
N'était-ce pas tout naturel ? Hier au soir, en rentrant chez moi, j'entends les cris d'une femme qui appelait à son aide ; je m'approche, je vois une jeune personne qu'un fat, qui lui était inconnu, voulait contraindre à monter dans son tilbury ; aussitôt je m'élance, et me servant à propos de ma canne, je mets en fuite l'insolent et je la délivre. Tout homme, à moins d'être un lâche, n'en aurait-il pas fait autant que moi ?

Mme BOQUET, *tout en soufflant le feu dans la cheminée.*
Oh ! la belle action ! estimable artiste ! c'est digne de l'histoire romaine !

SÉRAPHINE.
Oui ; mais la pauvre fille était sans asile.

DALIGNY.
Je lui ai offert mon modeste réduit.

SÉRAPHINE.
Elle s'est confiée à votre foi, à votre honneur, et elle n'a pas eu lieu de s'en repentir !

DALIGNY.
C'est là, je l'avoue, mon plus grand mérite. Passer la nuit dans une chambre voisine, porte à porte, quand ici dormait la plus jolie, la plus séduisante des femmes. Ah ! c'est de l'héroïsme ; et j'aurais presque le droit de me mettre sur les rangs pour le prix de vertu !

Mme BOQUET.
En attendant qu'il l'obtienne, j' vas toujours lui faire ce matin du café sans chicorée.

DALIGNY.
Mais vous aviez ma parole, et jamais je n'y ai manqué, qu'avec mes créanciers.

SÉRAPHINE.
Quoique vous ayez poussé la délicatesse jusqu'à ne pas même me demander qui j'étais, je tiens, monsieur, à me faire connaître, afin que vous soyez convaincu que vous n'avez pas mal placé votre protection.

DALIGNY.
A quoi bon, mademoiselle ? Un peintre est physionomiste, et je vous ai jugée sur-le-champ à votre figure si candide et si pure.

SÉRAPHINE.
Oh ! n'importe, veuillez m'entendre.

Mme BOQUET, *à part.*
Je ne suis qu'oreilles de la tête aux pieds.

SÉRAPHINE.
Mon père était un brave officier qui mourut sur le champ de bataille ; ma mère, que j'ai perdue depuis deux années, me plaça à Écouen comme fille de légionnaire. J'y restai jusqu'à dix-huit ans ; à cet âge je quittai la pension, et j'entrai comme lectrice chez une dame respectable. J'y étais heureuse ; mais bientôt ma bienfaitrice expira dans mes bras, et ses héritiers, furieux de ce qu'elle m'avait laissé une légère marque de sa bonté, me chassèrent hier de sa demeure. Je quittais son hôtel, lorsque vous êtes venu si généreusement me protéger contre la violence d'un homme que je ne connaissais pas !

DALIGNY.
Ah ! combien je rends grâce au ciel de m'être trouvé là !

Mme BOQUET, *à part.*
Pauvres enfans ! et moi qui les soupçonnais !... Je leur achèterai des pains de gruau pour leur déjeuné. (*Haut.*) Monsieur Daligny, vous êtes la crème des hommes !

DALIGNY.
Merci, mère Boquet.

Mme BOQUET.
Et vous, mamzelle, une brave fille. Tout-à-l'heure je vous ai offensée par des suppositions injustes ; mais, que voulez-vous, quand on a traversé trois révolutions on devient si défiante !

SÉRAPHINE.
Les apparences étaient contre moi.
Mme BOQUET.
Pour me prouver que vous me pardonnez, permettez-moi de vous embrasser.
SÉRAPHINE.
Oh! avec plaisir!
Elle l'embrasse.
Mme BOQUET.
Et maintenant, je vais vous chercher des petits pains du bon endroit. Ah çà! mais l'heure s'avance, et il me semble que mon fils Dodore tarde bien à venir à votre atelier.
DALIGNY.
Ah! que voulez-vous? votre fils n'a pas, je crois, un goût bien décidé pour la peinture.
Mme BOQUET.
Il aime mieux la toupie ou les billes! Hum! le gamin! Mais que voulez-vous? c'est si jeune! Quand il aura vu trois révolu... Ah! j' vas chercher les petits pains.
DALIGNY.
Allez, allez, madame Boquet.
La mère Boquet sort par la porte à gauche.

SCÈNE IV.

SÉRAPHINE, DALIGNY.

DALIGNY.
Cette bonne mère Boquet, c'est bien la meilleure des femmes! Je ne rougis pas de le dire, elle m'a rendu plus d'un service; quand j'oublie d'avoir de l'argent, elle m'en prête. Par exemple, ce n'est pas comme avec mes autres créanciers; je le lui rends exactement à elle; et elle ne me prend pas d'intérêts, la digne femme!
SÉRAPHINE.
Eh quoi! monsieur, vous qui semblez si rangé, vous avez des dettes?
DALIGNY.
Que voulez-vous, mademoiselle, il faut vivre! Certes, mes dettes ne sont pas le résultat de mes folies. Peut-être, si j'avais voulu faire comme tant d'autres, flatter les gens en place, encenser la sottise, aurais-je été remarqué, accueilli, et serais-je riche au lieu de végéter. Mais on ne peut changer son caractère. Ne parvenir que par mon talent, voilà le chemin que je me suis tracé, et celui-là ne conduit pas vite à la fortune. De grâce, parlons de vous; quels sont vos projets à présent?
SÉRAPHINE.
Mon Dieu! je vais louer une petite chambre, et à l'aide de la somme que m'a laissée ma bienfaitrice, j'attendrai qu'une place convenable se présente pour moi.
DALIGNY, *à part*.
Pauvre jeune fille, jolie comme elle est, seule au monde!... (*On frappe à la porte.*) Quelqu'un? quel contre-temps!... qui est là?

SOLIMAN, *en dehors*.
C'est moi... Néron-Gusman Soliman!...
DALIGNY.
Ah! c'est cet imbécile de marchand de chevaux... Je ne veux pas qu'il vous voie ici, car c'est bien la plus mauvaise langue...
SOLIMAN.
Daligny, ouvrez-moi donc... je piétine à votre porte...
DALIGNY, *à Séraphine*.
Veuillez entrer dans la petite pièce à côté...
Elle disparaît. Daligny ouvre la porte; Soliman entre.

SCÈNE V.

SOLIMAN, DALIGNY.

SOLIMAN, *une cravache à la main*.
Ah! c'est bien heureux... je croyais qu'on voulait laisser l'amitié sur le carré...
Il lui tend la main.
DALIGNY.
Par exemple!... ce cher monsieur Soliman!
SOLIMAN.
Dites-moi donc, vous n'étiez pas seul, mauvais sujet!
DALIGNY.
Comment? que voulez-vous dire?
SOLIMAN.
Que vous aviez du sexe ici... Oh! d'abord j'ai entendu chuchoter... j'ai reconnu une voix de femme... je ne m'y trompe jamais... je reconnaîtrais une femme au milieu de cinquante chevaux.
DALIGNY.
Je vous assure que vous vous êtes trompé.
SOLIMAN.
Est-ce que nous aurions de la discrétion?... Il veut cacher ses bonnes fortunes... Oh! oh! est-il arriéré, l'est-il!... Mon cher ami, vous êtes perruque, vous êtes Pompadour... je suis forcé de vous le dire : à présent, quand on a des maîtresses, ce n'est pas pour soi, c'est pour les autres.
DALIGNY.
Comment, pour les autres?
SOLIMAN.
C'est-à-dire pour s'en faire gloire dans la société, pour se poser dans le monde en roué, en régence; les femmes, mon ami, il faut les tromper, les compromettre, les afficher; moi, sous ce rapport, je suis le premier afficheur de Paris.
DALIGNY, *riant*.
Ah! je conçois qu'avec vos avantages...
SOLIMAN.
Oui, je suis assez avantageux... un physique remarquable... une tenue des plus soignées! et par dessus le marché un des plus riches marchands de chevaux des Champs-Élysées... je suis ce qu'on peut appeler un Lovelace pur sang!
DALIGNY.
Et votre esprit, dont vous ne parlez pas

SOLIMAN.

C'est vrai, j'oublie toujours que j'ai de l'esprit; c'est que ça m'est venu tout seul... ça va vous étonner, mais, parole d'honneur, je n'ai pas reçu la moindre instruction... je n'ai jamais été au collége... Ah! si... j'ai été au collége Henri IV pour vendre une jument au proviseur... Tout ce que je sais, je l'ai appris dans la fréquentation du grand monde! quand on fournit de chevaux des princes, des ducs, des marquis, et qu'on est reçu dans les meilleures écuries de la capitale, on est bien vite ferré sur le beau langage.

DALIGNY.

On s'en aperçoit en vous écoutant.

SOLIMAN.

Imitez-moi, mon cher, et vous volerez de conquêtes en conquêtes... c'est au point que je ne puis plus aller à l'orchestre de l'Opéra... on m'a prié de n'y pas retourner, parce que je donne trop de distractions aux danseuses... je leur fais faire des faux pas... hum!... Scélérat de Soliman!... polisson que tu es, va!...

DALIGNY.

Il y a entre nous une grande différence... je suis loin d'avoir vos avantages; n'étant point favorisé par la nature, je suis gauche, timide près des femmes... et si j'aimais, moi... ah! je sens que ce serait pour la vie... une femme dont j'aurais la tendresse!... mais ce serait pour moi une divinité... mon cœur ne battrait que pour elle... je lui consacrerais tous mes instans... L'amour d'une femme!... ah! c'est le seul bonheur, c'est le bien le plus précieux, et l'on ne saurait trop faire pour le mériter!...

SOLIMAN.

Ah! ah! ah!... délicieux... étonnant!... il est à mettre sous couche comme les melons!...

AIR : *Tourne, tourne.*

Mon cher, quelle erreur est la vôtre,
Lorsque vous croyez aux amours;
C'est un' marchandis' comme une autre,
On pourrait en coter le cours.
Partout où la beauté séjourne } bis.
Je puis la soumettre à ma loi.
Pour de l'or chaque tête tourne,
Et les plus belles sont pour moi.
Oui, chaque tête tourne, } bis.
Tourne, tourne, tourne pour moi.

DALIGNY.

Même air.

A l'amour vous faites outrage,
A vous je ne puis me fier;
Ce feu si pur qui nous engage,
N'est pas celui qu'on fait payer.
Lorsque vingt fois on se détourne
Pour revoir un joli minois,
Lorsque vers nous son œil se tourne,
Quand on rougit à notre voix,
Alors la tête tourne, tourne,
Et c'est là de l'amour, je crois;
Alors la tête tourne,
C'est bien là de l'amour, je crois.

SOLIMAN.

Enfin, mon cher, comme vous voudrez... moi, je ne veux pas vous contrarier d'abord; mais arrivons au but de ma visite : je viens vous commander mon portrait équestre,... à cheval... Vous peignez aussi les chevaux?...

DALIGNY.

Je peins toutes les bêtes.

SOLIMAN.

Ça me va; vous me ferez sur mon poney avec des gants jaunes et des sous-pieds... par exemple, je vous recommande la ressemblance... que je sois bien joli garçon... je tiens à cela... quand même le portrait devrait me coûter quelque chose de plus.

DALIGNY.

Soyez tranquille.

SOLIMAN.

Il est bien entendu que vous me mettrez au salon à l'exposition prochaine... le livret portera : Portrait de M. Néron-Gusman Soliman, avenue des Champs-Elysées, 19. Grand assortiment de chevaux de tous les pays et autres... ça me servira de prospectus.

SCENE VI.

Les mêmes, Mme BOQUET.

Mme BOQUET, *entrant.*

Monsieur, voilà pour le déjeuner...

SOLIMAN.

Deux petits pains... deux flûtes!... qu'est-ce que je disais, un déjeuner tête-à-tête... sournois...

Mme BOQUET.

Votre très-humble servante, monsieur Soliman...

SOLIMAN.

Tiens, c'est la mère Boquet... Par quel hasard chez l'ami Daligny?

DALIGNY.

C'est ma femme de ménage.

SOLIMAN.

Voyez-vous ça! femme de ménage et loueuse de chaises... elle cumule... elle est à deux fins, la mère Boquet, comme ma jument grise, elle va à la selle et au cabriolet.

Mme BOQUET.

Ah! monsieur Soliman, pour un homme comme il faut, voilà une comparaison qui sent un peu le crotin! (*A part.*) Attrappe!...

SOLIMAN.

La mère Boquet est vexée... Allons, faisons la paix, et dites-moi si hier vous avez vu Olga aux Champs-Elysées... vous savez, Olga... ma danseuse de l'Opéra.

Mme BOQUET.

Votre danseuse?.. Ah! celle qui va toujours avec M. Dersy?

SOLIMAN.

Il lui faisait la cour, je le sais; mais je la lui ai enlevée sans qu'il s'en doutât... Chut! n'allez pas parler de ça surtout... respectable loueuse de chai-

ses! car Dersy serait homme à m'appeler en duel...
et c'est un gaillard qui a un œil de faucon.

М^{me} BOQUET.

Dites donc, monsieur, puisque mamzelle Olga
est vot' maîtresse, ça me fait souvenir qu'elle me
doit trois francs dix sous de chaises... si vous vouliez me les donner?..

SOLIMAN.

Comment donc, avec plaisir... trois francs dix
sous, vous dites... pour des chaises... c'est singulier, elle en prend donc plus d'une pour elle seule...

Mme BOQUET.

Pardi! et les pieds... et l'ombrelle...

SOLIMAN.

C'est trop juste... tenez... (*Il la paie.*) C'est bien
le moins que je paie les chaises qu'elle a prises
pour m'attendre.

Mme BOQUET, *à part*.

L'attendre... oui, lui et les autres... Jobard, va!...
(*Haut.*) Monsieur, je vas mettre votre couvert.

Elle entre à droite.

DALIGNY.

Allez, madame Boquet... (*A part.*) Est-ce que ce
Soliman ne s'en ira pas?...

SOLIMAN.

Eh bien, mon cher, vais-je prendre séance?

DALIGNY.

Si vous le permettez, nous ne commencerons pas
aujourd'hui... j'ai quelque chose à finir de pressé.

SOLIMAN.

Comme vous voudrez; ce sera pour demain alors,
j'aime mieux cela parce que j'aurai des bottes
neuves. Ah! dites donc, mon cher, si vous aviez
besoin de quelques napoléons à compte sur mon
portrait... ne vous gênez pas... seulement je vous
prendrai le petit escompte d'usage.

DALIGNY.

Je vous remercie...

SOLIMAN.

J'aime à obliger les artistes, moi!... les artistes
et les chevaux, je les porte dans mon cœur!

DALIGNY.

A demain donc.

SOLIMAN.

AIR *des Étudians.*

A demain mon portrait!... ah! je me vois d'avance,
Quand je suis à cheval, quand au bois je m'élance,
  On admire mon trot,
  On me lorgne au galop...
    Il fait comme s'il allait à cheval.
Et piou, piou, piou! tra, la, la, la, la,
Et piou, piou, piou! tra, la, la, la, la, } *bis.*
  Comme c'est ça!...

En voyant mon portrait, je veux que chaque femme
S'écrie en rougissant, et le trouble dans l'ame :
  Qu'il est bien à cheval!
  Ah! le bel animal!...
Et piou, piou, piou, etc.

Il s'éloigne en sautillant et chantant toujours.

SCENE VII.

DALIGNY, *seul.*

Le fat!... Enfin m'en voilà débarrassé... et il me
faudra reproduire sur la toile cette sotte figure...
mais il est riche et j'ai besoin d'argent... grand besoin même!... Faites donc de l'art, quand vous avez
des prises de corps qui vous menacent... et quand
je songe à cette lettre de change de mille francs
que je n'ai pu payer... mille francs!... où diable
trouver cela?.. Allons, allons... ce n'est pas le moment de nous attrister.

SCENE VIII.

DALIGNY, Mme BOQUET.

Mme BOQUET.

Monsieur, le déjeuner est prêt, et Mlle Séraphine
vous attend.

DALIGNY.

Séraphine!... elle se nomme Séraphine... quel joli
nom!... et comme il va bien à sa figure!... N'est-ce
pas, mère Boquet, qu'elle est charmante?

Mme BOQUET.

Oui, monsieur... elle est bien gentille... mais ça
n'a rien... et une fille sans dot, voyez-vous, c'est
comme des épinards sans beurre!

DALIGNY.

Votre comparaison n'est pas poétique, mère Boquet!

Il entre à droite.

SCENE IX.

Mme BOQUET, DODORE.

Mme BOQUET, *regardant à sa montre.*

Bientôt dix heures, et ce vaurien de Dodore n'est
pas encore à l'atelier... en voilà un petit feignant!...
(*On entend chanter en dehors : Oh! oh! oh! qu'il
était beau!*) On chante... c'est lui... le petit drôle
a une voix de bouffa!

DODORE, *entrant en chantant.*

Oh! oh! oh!... Ah! bonjour, maman.

Mme BOQUET.

Vous voilà donc enfin, monsieur... une belle
heure pour venir à l'atelier!

DODORE.

Quelle heure donc qu'il est?

Mme BOQUET.

Dix heures moins dix.

DODORE.

Maman, vous m'étonnez, je croyais qu'il n'était
que neuf heures trois quarts; je suis en erreur de
cinq minutes. C'est votre faute aussi, pourquoi que
vous ne me donnez pas de montre, j'aurais l'heure
dans ma poche.

Mme BOQUET.
Une montre! ah! ben, elle serait bientôt fricassée, la malheureuse, avec un sans soin comme toi!

DODORE.
Sans soin! maman, ce mot est blessant pour votre Dodore...Ah! tu ne sais pas, j'ai fait une chanson sur son chat?

Mme BOQUET.
Sur Coco? ça doit être du propre.

DODORE.
Maman, la poésie purifie tout; écoute un peu :

Il chante.

Oh! oh! oh! oh! qu'il était beau!
Notre gros chat, notre Coco!...

Hein, c'est gentil!

Mme BOQUET.
C'est bon, c'est bon. (A part.) Il a de l'esprit jusqu'au bout du nez.

DODORE.
Tu ne veux pas que je te la chante toute entière?

Mme BOQUET.
Non, j'aime mieux que tu te mouches.

DODORE.
Ah! il y a un obstacle... j'ai perdu mon mouchoir.

Mme BOQUET.
Encore! oh! vilain enfant, c'est le troisième de la semaine, et c'est aujourd'hui mercredi; il me ruine en mouchoirs. Quand vous aurez traversé trois révolutions, monsieur, vous...

DODORE, l'interrompant.
Oui, maman, oui, je sais bien, mais c'est pas ma faute; hier, on me l'a effarouché pendant que je regardais un escamoteur, et aujourd'hui, il sera sans doute tombé de ma profonde.

Mme BOQUET.
De ta profonde! Qu'est-ce que c'est que ça?

DODORE.
Ça veut dire ma poche; terme d'artiste.

Mme BOQUET.
Allons, venez ici. (Elle tire son mouchoir et le mouche.) Fort!... allez, si c'est là tout ce que vous apprenez dans l'atelier de M. Daligny...

DODORE.
Tout ce que j'apprends! ah! merci! et les bouches, et les yeux que je fais dans la perfection; il n'y a que les oreilles auxquelles je ne peux pas mordre. (Prenant celle de sa mère.) Tenez, voyez-vous, c'est ce croquant-là que je ne peux pas attraper.

Mme BOQUET.
Voyons, monsieur Dodore, respectez mes oreilles.

DODORE.
Oui, ma mère; oh! ce n'est pas la vôtre que je veux peindre; mais j'ai quelqu'un qui viendra poser pour cela; mamselle Tourloure. Ah! c'est elle qui a de belles oreilles, longues de ça!

Mme BOQUET.
Et qu'est-ce que c'est, monsieur, que mamselle Tourloure?

DODORE, se rengorgeant.
C'est une jeune fille, un peu chouette, je m'en vante.

Mme BOQUET.
Une fille chouette!

DODORE.
Figurante de Franconi; rien que ça, et dont j'ai fait la connaissance en faisant une poule au profit des Polonais, que j'ai mangée en macarons.

Mme BOQUET.
Qu'est-ce que j'entends? Comment, monsieur Dodore, à seize ans et demi, est-ce que vous penseriez aux femmes? vous donneriez dans les figurantes, petit serpent?

DODORE.
Ah! j' crois bien! mais je suis dans l'âge des amours, des conquêtes! Ma mère, vous ne savez donc pas que votre fils n'a déjà qu'à se montrer pour faire des malheureuses?

Mme BOQUET.
Ah! mon Dieu! où en sommes-nous?

DODORE.
AIR du Mentor faubourien.

Quand je fais comm' ça,
Pst, là! pst, là!
De cette manière
Moi je sais plaire ;
Un regard comm' ça ,
Pst, là! pst, là!
Jamais à cela
On n' résista.

A la beauté la plus sauvage
Afin d'inspirer de l'amour,
Je sais embellir mon langage
De tous les jolis mots du jour ;
Puis sous un air indifférent,
Je m'avance
Avec assurance ,
Je me promène en fredonnant,
Et quand je vois que cela prend,
Je lui fais, etc.

Je jure à la simple grisette
De l'aimer à n'en plus finir ;
Veut-elle faire la coquette,
Je menace de me périr.
On m'appelle déjà trompeur,
Monstre, infâme!
Mais à chaque femme
Qui me traite de séducteur,
Prenant mon petit air moqueur,
Moi je fais comm' ça :
Pst, là! pst, là! etc.

Mme BOQUET.
Ah! vous leur faites pst, là! pst, là! Eh ben, ça promet... Allons, monsieur, en attendant, vous allez prendre vos crayons et vous mettre à l'ouvrage.

DODORE.
Ah! oui, deux fois! faut que je sorte d'abord.

Mme BOQUET.
Comment, faut que tu sortes, et tu viens d'entrer?

DODORE.
Possible! mais j'ai été ce matin pour avoir du bleu de Prusse, et le marchand m'a dit de revenir à dix heures et demie.

Mme BOQUET.
Si c'est comme ça que tu apprends la peinture en faisant les commissions...

DODORE.

Sans doute que j'apprends ; quand je vas chercher du bleu, du carmin, du blanc de plomb, ça me forme, ça m'instruit ; un artiste doit, avant tout, connaître les couleurs, et je suis déjà très-fort sur les couleurs.

Mme BOQUET.

Dépêche-toi, au moins.

DODORE.

Je vais courir. (*A part.*) Je vas aller voir répéter Tourloure ; elle doit me montrer la *Cachetoutça*. (*Haut.*) Au revoir, ma mère. Ah ! donnez-moi donc trois sous pour m'acheter une tablette de chocolat, j'ai mal à l'estomac.

Mme BOQUET, *les lui donnant.*

Allons, tiens, enfant prodigue.

DODORE.

Merci, maman, j' vas courir.

Il sort en chantant :

Je lui fais comm' çà,
Pst, là ! pst, là !
De cette manière
Moi je sais plaire !...

SCENE X.

Mme BOQUET, *seule.*

Va, petit bijou !... Est-il gentil ! Ah ! Dieu ! il en fera des passions, celui-là ! c'est tout le portrait de son père, excepté qu'il a un bras de plus. Ah çà ! voilà le ménage fait chez M. Daligny ; je m'en vais me requinquer, et ensuite j'irai aux Champs-Élysées mettre mes chaises en ordre ; j'ai dans l'idée qu'il y aura du monde aujourd'hui.

SCENE XI.

Mme BOQUET, DERSY, SOLIMAN.

SOLIMAN, *entrant le premier.*

Venez, mon cher Dersy ; vous voici chez notre artiste.

DERSY.

Ah ! c'est ici que demeure ce M. Daligny ?

SOLIMAN.

Parbleu ! je sortais de cette maison quand vous m'avez rencontré.

DERSY, à Mme *Boquet.*

Est-il chez lui ?

Mme BOQUET.

Oui, monsieur.

DERSY.

Dites-lui, je vous prie, qu'un monsieur désire lui parler.

Mme BOQUET.

Un monsieur ?

SOLIMAN.

Oui ; moi je ne compte pas, je suis par-dessus le marché.

Mme BOQUET.

J'y vais tout de suite, monsieur. (*A part.*) C'est encore un portrait à faire sans doute ; tant mieux. Allons avertir notre artiste, puis je m'en irai par l'autre escalier pour ne pas être indiscrète. (*Haut.*) Donnez-vous la peine de vous asseoir, messieurs, j' vas prévenir M. Daligny.

Elle entre à gauche.

SCÈNE XII.

DERSY, SOLIMAN.

DERSY, *à part.*

Je vais apprendre à ce monsieur à quoi l'on s'expose en se faisant le défenseur des belles.

SOLIMAN, *à part.*

Je voudrais bien savoir pourquoi Dersy m'a amené ici ; je ne sais ce que j'ai, mais je ne suis pas tranquille.

DERSY.

Ma foi, Soliman, je vous ai rencontré bien à propos.

SOLIMAN.

Que puis-je faire pour votre service, mon cher ? Voudriez-vous acheter un cheval, changer le vôtre ? parlez, mes haras sont à votre disposition.

DERSY, *riant.*

Je vous remercie ; je sais que vous avez de fort beaux chevaux, un charmant tilbury, que vous aimez à prêter aux dames. La belle Olga en sait aussi quelque chose.

SOLIMAN.

Olga ! comment ? qu'est-ce que c'est que ça, Olga ? où prenez-vous Olga ?

DERSY.

Parbleu ! à l'Opéra ; et vous aussi, je pense, car vous lui faites, dit-on, une cour assidue.

SOLIMAN, *à part.*

Ah ! mon Dieu ! il connaît mon intrigue avec la danseuse. (*Haut.*) Je vous assure qu'on vous a trompé.

DERSY.

C'est bien ! venons à ce dont il est question maintenant : Soliman, vous êtes un homme de cœur ?

SOLIMAN.

Un homme de cœur, moi ! mais, c'est très-possible... Pourquoi ne serais-je pas un homme de cœur ?

DERSY.

Vous avez été quelquefois sur le terrain ?

SOLIMAN.

Sur le terrain... oh ! j'y suis allé rarement ; mon terrain à moi, c'est le manège.

DERSY.

Enfin, vous savez ce que c'est qu'une affaire d'honneur ? vous connaissez les lois, les usages du duel ?

SOLIMAN, *à part.*

Du duel ! nous y voilà !

DERSY, *fortement.*

Monsieur Soliman, m'avez-vous entendu ? vous connaissez les usages du duel ?

SOLIMAN.

Je les connais... de réputation seulement, je les fréquente peu.

DERSY.

Cela me suffit, vous êtes mon homme. (*A part.*) D'ailleurs je n'ai pas le temps de chercher un autre témoin.

SOLIMAN, *à part.*

Son homme ! c'est comme si j'étais tué. (*Haut et tirant sa montre.*) Ah ! mon Dieu ! midi ! Pardon, mille pardons, il faut que je vous laisse, je n'ai pas encore déjeuné, et voici l'heure où l'on donne l'avoine à mes chevaux.

DERSY, *l'arrêtant.*

Vous éloigner à présent, y pensez-vous ? ce serait une lâcheté !

SOLIMAN.

Permettez, monsieur Dersy, les affaires avant tout.

DERSY.

Oui, les affaires d'honneur : écoutez-moi, et convenons de nos faits.

SOLIMAN, *à part.*

Hum ! buveur de sang, va !

DERSY.

AIR : *On dit cela, ma chère, c'est possible.*

L'affront est grave, et mon honneur l'exige,
J'en veux avoir la réparation ;
Songez-y bien, le devoir vous oblige
A tenir ferme en cette occasion :
Mon adversaire ou moi, quoi que l'on fasse,
Sur le terrain trouvera le trépas !
L'un de nous deux doit rester sur la place...

SOLIMAN.

Eh bien ! mon cher, restez-y, je m'en vas,
Si l'un des deux doit rester sur la place,
Je l'aime mieux, restez-y, je m'en vas.

DERSY, *le retenant par le bras.*

Eh bien ! eh bien ! qu'est-ce que vous faites donc ?

SOLIMAN, *à part.*

C'est un sanglier que cet homme-là ! (*Haut.*) Comment, monsieur Dersy, vous voulez, pour une femme ?... Il me semble que ça peut s'arranger.

DERSY.

Impossible, vous dis-je. Eh ! mon Dieu, ce n'est pas pour la femme que je me bats, je ne sais qui elle est ; je l'ai aperçue un moment, je ne la reconnaîtrais peut-être pas si je la rencontrais ; mais l'outrage que j'ai reçu ! ce Daligny, oser lever sa canne sur moi ! Ah ! il le paiera cher.

SOLIMAN.

Comment, Daligny ! C'est donc avec Daligny que vous voulez vous battre ?

DERSY.

Eh ! voilà une heure que je vous le dis.

SOLIMAN, *à part.*

Ah ! j'ai trois cents livres de moins sur la poitrine. (*Haut.*) Oh ! c'est différent... vous avez raison, l'affaire est grave, ça ne peut pas s'arranger.

DERSY.

Et d'ailleurs, mon cher Soliman, qu'est-ce que la vie, pour qu'on y tienne tant ?

SOLIMAN.

Oh ! mon Dieu ! la moindre des choses ; une panade sans sucre, quelquefois.

DERSY.

Je suis riche, j'ai connu tous les plaisirs, toutes les jouissances et je suis déjà blasé sur ce que mille autres envient... Je ne suis point un spadassin, je ne cherche querelle à personne, mais je ne pardonne pas un outrage, et lorsque l'on m'a insulté, je jouerais ma vie sur une carte.

SOLIMAN.

C'est absolument comme moi, je jouerais la mienne à pile ou face.

DERSY.

Ah ! j'entends enfin ce monsieur.

SCENE XIII.

LES MÊMES, DALIGNY.

DALIGNY.

Mille pardons de vous avoir fait attendre... c'est monsieur qui me demande ?...

DERSY.

Oui, monsieur, vous ne me reconnaissez pas ?

DALIGNY.

Je ne crois pas avoir l'honneur...

DERSY.

En effet, il faisait nuit lorsque nous nous sommes vus.

SOLIMAN.

Et la nuit, tous les chats sont... de la même couleur.

DERSY.

Je suis la personne que vous avez rencontrée hier au soir à quelques pas d'ici. En vous faisant le défenseur d'une jeune fille, vous m'avez insulté, monsieur... vous devez comprendre maintenant le motif de ma visite.

DALIGNY.

Parfaitement, j'ai là des épées, je vais les prendre.

SOLIMAN.

Oui, oui... oh ! il nous en faut et de très-longues surtout.

DERSY.

Cela est inutile, monsieur, je suis l'offensé, j'ai le choix des armes ; ma boîte à pistolets est en bas, entre les mains de mon domestique, et voici mon témoin.

DALIGNY.

Monsieur, je vous avouerai que le pistolet m'est peu familier ; cependant puisque vous prétendez que c'est votre droit, j'accepte cette arme... j'y mets une condition pourtant.

DERSY.

Laquelle ?

DALIGNY.

C'est que, si je ne suis que blessé aujourd'hui, j'aurai le droit, plus tard, de vous demander ma revanche à l'épée.

DERSY.

C'est convenu, monsieur.

SOLIMAN.

Ce sera un duel en partie liée.

DALIGNY.

Si vous le trouvez bon, M. Soliman, qui est aussi de ma connaissance, nous servira de témoin à tous deux.

DERSY.

Soit, monsieur.

SOLIMAN.

J'y consens. (*A part.*) Comme ça, je suis sûr que les témoins ne se battront pas.

DERSY.

Nous n'aurons pas besoin de sortir de cette maison; le propriétaire est de mes amis et il ne trouvera pas mauvais que notre rencontre ait lieu dans son jardin.

DALIGNY, *prenant son chapeau.*

Fort bien, je suis à vous, monsieur.

ENSEMBLE.

AIR : *C'est gentil d' danser.* (Femme, Mari, etc.)

Sans bruit, sans éclat,
Marchons au combat ;
Rien ne { les / nous } troublera, j'espère ;
La première affaire,
Entre gens de cœur,
Est de satisfaire à l'honneur.

Ils sortent tous trois par la droite ; Séraphine ouvre aussitôt la porte à gauche et paraît.

SCENE XIV.

SÉRAPHINE, *seule.*

Qu'ai-je entendu? un duel ! un duel à cause de moi... M. Ernest va peut-être payer de sa vie l'appui généreux qu'il m'a offert... Oh ! cette pensée est affreuse... je serais cause de sa mort!... non, non, ce duel n'aura pas lieu, je cours me jeter au milieu des combattans, ils auront pitié d'une pauvre fille au désespoir...(*Elle court à la porte de droite.*) Cette porte est fermée à double tour... ah ! celle-ci ! (*Elle va à gauche.*) La clef est en dedans et je l'ai fermée sur moi. Malheureuse! que faire ? mon Dieu, je n'ai plus d'espoir qu'en vous.

AIR *de l'Ange gardien.*

Vous ne souffrirez pas un combat si funeste ;
D'Ernest, en ce moment, mon Dieu, soyez l'appui !
Quand c'est mon seul ami, lorsque lui seul me reste,
Vous ne permettrez pas qu'il succombe aujourd'hui.
Il sut, dans ce séjour, respecter l'innocence
De celle à qui son bras fut d'un si grand secours !
Se jetant à genoux.
Accablez-moi, mon Dieu, de chagrins, de souffrance,
Mais, par grâce, sauvez ses jours.

C'est dans le jardin, ont-ils dit... déjà ils doivent être en présence... je n'entends rien... quel espoir ! s'ils avaient renoncé à leur projet!(*On entend un coup de feu.*) Ah ! l'un des deux est frappé... si c'était Ernest... oh ! non, non, ce n'est pas lui... n'est-ce pas, mon Dieu, ce n'est pas lui? et pourtant; il ne vient pas. (*Elle écoute.*) Personne... ah ! on monte l'escalier... on approche... je tremble.

SCENE XV.

SÉRAPHINE, DALIGNY, Mme BOQUET.

Daligny entre, soutenu par Mme Boquet.

SÉRAPHINE.

C'est lui, mais il est blessé !

Elle aide à le placer sur un fauteuil.

DALIGNY.

Rassurez-vous, mademoiselle, ce n'est rien, j'espère ; la balle n'a fait que traverser les chairs.

Mme BOQUET.

Quèque c'est donc que c't idée d'aller se battre en plein midi ?

SÉRAPHINE.

A-t-on fait prévenir un docteur ?

DALIGNY.

Oui, Soliman est allé en chercher un.

Mme BOQUET.

Mais il nous faudrait de la charpie pour mettre sur la blessure... je n'en ai pas, je vais en chercher chez le pharmacien en face... vous, mam'zelle, pendant ce temps enveloppez son bras.

SÉRAPHINE.

Oui, oui, soyez tranquille... (*A part.*) Son sang coule et c'est pour moi!

Mme *Boquet sort.*

DALIGNY.

Mais qu'avez-vous, mademoiselle? vous pleurez ?

SÉRAPHINE, *tout en bandant sa blessure.*

Ah ! je suis au désespoir.

DALIGNY.

Pourquoi ces larmes ?

SÉRAPHINE.

Pouvez-vous me le demander, quand c'est moi qui suis la cause de ce duel, quand c'est pour m'avoir défendue que vous avez reçu cette blessure ?

DALIGNY.

Pour vous ! mais qui vous a dit ?...

SÉRAPHINE.

Vous voudriez sans doute me le cacher aussi, pour avoir moins de droits à ma reconnaissance. Mais je sais tout; derrière cette porte, j'ai tout entendu... ah ! pourquoi vous êtes-vous trouvé sur le passage de la pauvre orpheline ? pourquoi l'avez-vous généreusement protégée, puisque ce coup de pistolet devait être votre récompense ?

DALIGNY.

Séraphine, que dites-vous? En ce moment où vous me témoignez tant d'intérêt, si vous saviez combien cette blessure m'est chère; mais pour vous, je sens que j'aurais donné ma vie.

SÉRAPHINE.

Monsieur...

DALIGNY, à part.

Son trouble, ses regards... si j'étais aimé... oh ! ce serait trop de bonheur !

ENSEMBLE.

AIR du *Diable boiteux*. (Quadrille.)

SÉRAPHINE, à part.

Cachons bien mon trouble à ses yeux,
Je craindrais qu'il ne comprît mieux ;
 Espérance !
 Mais silence ;
Son amour, voilà tous mes vœux !

DALIGNY, à part.

Cachons bien mon trouble à ses yeux ;
Ce moment comble tous mes vœux ;
 Espérance !
 Mais silence ,
Je conçois l'espoir d'être heureux.

Haut.

Ah ! si je vous intéresse,
Souffrez qu'un moment je presse
Votre main...

Il lui prend la main.

 Ainsi sans cesse
Que ne puis-je la tenir !...

SÉRAPHINE, à part.

Ma main tremble dans la sienne,
Est-ce de bonheur, de peine ?
A l'aimer quand tout m'entraîne,
Ce doit être de plaisir !...

ENSEMBLE.

Cachons bien mon trouble à ses yeux !... etc.

SCÈNE XVI.

LES MÊMES, Mme BOQUET.

Mme BOQUET.

Ah ! v'là de la charpie, et un baume que le pharmacien m'a dit être souverain pour les blessures... mais c'est ben une autre affaire à présent. M. Blandin est en bas dans la loge du concierge, et il vous attend.

DALIGNY.

M. Blandin, le garde du commerce... O mon Dieu ! il vient sans doute pour cette maudite lettre de change de mille francs.

Mme BOQUET.

Justement ; il lui faut les mille francs ou il va vous conduire en prison.

SÉRAPHINE.

En prison ! ô ciel !

Mme BOQUET.

J'ai eu beau lui dire que vous étiez blessé, il veut de l'argent.

DALIGNY.

Et où veut-il que je le prenne ? je n'en ai pas... et cette blessure que j'ai reçue au bras droit m'empêchera pour long-temps de me livrer à mon art et de gagner de quoi m'acquitter.

SÉRAPHINE, à part.

Ah ! ce n'était pas assez de son sang, il faut que je lui coûte la liberté !

DALIGNY.

Eh bien ! qu'il vienne, qu'il m'arrête ! après tout, je guérirai aussi bien en prison que chez moi.

SÉRAPHINE, à part.

Oh ! mais cette somme que ma bienfaitrice m'a laissée en mourant...

Mme BOQUET.

Comment, monsieur, vous consentez à aller en prison ?

DALIGNY.

Allons, mère Boquet, du courage !

SÉRAPHINE, à part.

Il ne me restera plus rien, c'était mon unique ressource... mais qu'importe ? il sera sauvé, lui !

Mme BOQUET.

Puisque vous le voulez...

Elle fait un pas pour sortir.

SÉRAPHINE, bas à Mme *Boquet.*

Je descends avec vous.

Mme BOQUET.

Pourquoi ?

SÉRAPHINE.

Silence ! et gardez-moi bien le secret.

Haut à Daligny.

AIR : *Parlez plus bas.*

Avec elle je vais descendre...

DALIGNY.

Quoi ! vous voulez déjà partir ?

SÉRAPHINE.

A cet homme qui veut vous prendre,
Je vais parler pour l'attendrir ;
Mais vous, monsieur, de la prudence...
Soyez calme... ne bougez pas...
Vous êtes blessé... du silence,
Et surtout beaucoup d'espérance !...
Oubliez tous vos embarras,
L'amitié vous tendra les bras.

Séraphine sort avec Mme Boquet, en recommandant encore à Daligny de rester en repos ; celui-ci la suit des yeux.

ACTE DEUXIEME.

Les Champs-Élysées. A gauche, l'entrée d'un restaurant ; une fenêtre au rez-de-chaussée ; à droite, des chaises.

SCÈNE PREMIERE.

Des Promeneurs, UN VIEUX *à ailes de pigeon*, puis Mme BOQUET.

Au lever du rideau on se promène.
CHOEUR.
Air : *Pantalon du Postillon.*

Sans craindre chevaux, ni voiture,
Sous ces arbres promenons-nous ;
A Paris voir de la verdure,
C'est un plaisir bien doux.

LE VIEUX, *à Mme Boquet, qui entre.*

Madame, vous n'auriez pas rencontré un griffon d'une entière blancheur, les pattes rouges et la queue noire ?... Il répond au nom de Cascarot.

Mme BOQUET.

Ma foi, monsieur, il passe tant de bêtes dans les Champs-Élysées qu'on ne peut pas les remarquer toutes !... Rangeons vite mes chaises... (*Elle les range.*) Tiens, la bouquetière n'a pas encore étalé... elle est en retard ; ah ! c'est marché aux fleurs aujourd'hui, elle aura été faire ses provisions... Pauvre jeune fille !... c'est ça une perle de jeunesse !... quelle conduite ! quel dévouement !... et avec ça d'une sagesse !... J'ai traversé trois révolutions, mais je n'ai pas encore trouvé sa pareille... Ah ! si M. Daligny savait... mais on m'a fait jurer le secret, et entre femmes un serment c'est immortel. (*On entend chanter.*) Ah ! la voici, cette chère enfant...

SCENE II.

Mme BOQUET, SÉRAPHINE.

SÉRAPHINE *est habillée en simple bouquetière; elle porte une hotte pleine de fleurs.*
Air : *Postillon.*

J'n'ai pas d'boutique,
C'est plus économique ;
Et la pratique,
On lui vend
En plein vent.

Elle dépose sa hotte.

Je suis la bouqu'tière !
Grâce à mon état,
D'un joli parterre
J'entretiens l'éclat,

Les fleurs les plus belles
Et les plus nouvelles,
Les voilà ; (*bis.*)
C'est chez moi qu'on les aura.
J'n'ai pas, etc.

Auprès d'une dame
Fait-on le coquet,
Pour peindre sa flamme
On offre un bouquet ;
Roses, violettes,
Lilas, mignonnettes,
Les voilà ; (*bis.*)
C'est chez moi qu'on les aura.

J'n'ai pas d'boutique, etc.

Bonjour, m'ère Boquet...

Mme BOQUET.

Ah ! mon Dieu ! étiez-vous chargée... Avez-vous chaud, mamzelle Séraphine !

SÉRAPHINE.

Chut !... qu'est-ce que vous dites-là, mère Boquet !... Séraphine ; mais vous savez bien que je ne me nomme plus comme cela. Mon nom, à c't' heure, c'est Fifine... Fifine, tout court... Une bouquetière s'appeler Séraphine, ah ben !... C'est comme si une comtesse s'appelait Jeanneton, Goton ou Margoton !

Mme BOQUET.

En vérité, mamzelle, vous me surprenez !

SÉRAPHINE.

Pourquoi cela ?

Mme BOQUET.

Vous qui avez été si bien élevée, si bien éduquée !... Eh ben ! il n'y a que six semaines seulement que vous vous êtes fait bouquetière, et vous parlez, vous agissez comme si vous aviez été bercée dans la giroflée et le réséda.

SÉRAPHINE.

C'est que, selon moi, chacun doit avoir le nom, le ton et le langage de son état. En me faisant bouquetière, si j'avais conservé les manières d'une demoiselle de compagnie, j'aurais été ridicule ; au marché, on m'aurait appelée bégueule... et on aurait eu raison.

Mme BOQUET.

Savez-vous, mamzelle, que c'est beau ! que c'est sublime, ce que vous faites pour M. Daligny !

SÉRAPHINE.

Non... c'est naturel, et voilà tout.

Mme BOQUET.

Une jeune fille, savante comme un maître d'école, porter la hotte, vendre des bouquets, travailler comme une mercenaire depuis sept heures du matin jusqu'à minuit, et tout ça pour gagner de l'argent, afin que M. Daligny ne manque de rien !...

SÉRAPHINE.

N'était-ce pas mon devoir ?... Cette blessure au bras qui retient M. Ernest chez lui depuis six semaines, qui l'empêche de se livrer à son art, son unique ressource, c'est pour moi qu'il l'a reçue ; victime de sa générosité, il allait être en proie aux privations les plus cruelles !... Oh ! ma résolution a été bientôt prise... l'argent que je possédais l'a empêché d'aller en prison, et avec celui que je gagne, je puis être son soutien. L'élève d'Écouen s'est faite bouquetière, car je n'avais pas le choix des états... Il m'en fallait un sur-le-champ !... mais qu'importe à peine, le travail ! lorsque chaque soir, en comptant ce qu'on a gagné, on peut se dire : c'est pour lui.

AIR de M. *Adolphe*.

Oui, d'Écouen la jeune élève
Est fière de ce qu'elle a fait,
En s'abaissant elle s'élève :
Car en vendant fleurs et bouquet,
Elle rend bienfait pour bienfait.
Oui, le travail, je le répète,
C'est du plaisir, c'est du bonheur,
Quand il sert à payer la dette
Qui fut inscrite au fond du cœur. } (*bis*.)

Mme BOQUET.

Charmante fille ! quelle âme... Ah ! ben, tant pis, faut que je pleure... ça me fera plaisir.

Elle s'essuie les yeux.

SÉRAPHINE.

Bonne mère !... sans vous, toute ma bonne volonté eût été inutile, car M. Ernest est aussi fier que brave, et ces secours qu'il reçoit, il les aurait repoussés, s'il avait pu se douter qu'ils étaient le prix de mon travail.

Mme BOQUET.

Aussi ai-je toujours eu soin de lui dire que c'était M. Soliman, qui me chargeait de lui remettre des avances sur le portrait qu'il lui a commandé... M. Ernest n'en revenait pas de la générosité du marchand de chevaux !

SÉRAPHINE.

Depuis que je suis bouquetière, je connais M. Soliman... c'est un de mes adorateurs, ainsi que son ami Dersy... qui ne se doute pas que la petite bouquetière qu'il courtise, est la même femme qu'il a insultée et pour laquelle il s'est battu ! Oh ! mais parlons d'Ernest... Sa blessure ?...

Mme BOQUET.

Oh ! c'est fini... guéri entièrement ! voilà six jours qu'il sort ; s'il savait que vous êtes aux Champs-Élysées, il y serait déjà venu... car dans sa maladie, ce qui le tourmentait le plus, c'était de ne pas vous voir... Il vous appelait coquette, ingrate... il disait : « Elle est comme les autres... » Ça me faisait bouillir !... et vingt fois j'ai été sur le point de parler.

SÉRAPHINE.

Oh ! gardez-vous-en bien... qu'il ignore toujours ce que j'ai fait pour lui... il se trouverait humilié... Il m'en coûte bien aussi de ne pas le voir... mais ce sacrifice était nécessaire ; mes visites n'auraient pas été sans danger pour moi... peut-être pour lui... et à quoi bon nourrir un sentiment qui ne peut faire notre bonheur ?... car je n'ai rien... et avec son talent, M. Ernest trouvera quelque jour une femme qui fera sa fortune, qui le mettra à même de briller dans le monde, alors il l'épousera, il sera heureux, tandis que moi... (*Elle porte son mouchoir sur ses yeux.*) Eh bien ! à quoi vais-je donc penser ? allons, allons, de la gaîté. Redevenons bouquetière et songeons à mon commerce. Il faut que j'aille porter ce bouquet chez ce vieux baron du faubourg Saint-Germain, il m'a bien recommandé d'être chez lui avant onze heures. Au revoir, madame Boquet... je vous laisse ma boutique...

Mme BOQUET.

Soyez tranquille, mon enfant, j'y veillerai.

SÉRAPHINE, *s'éloigne en chantant*.

J' n'ai pas d' boutique, etc.

DODORE, *entrant*.

Bonjour, mamzelle Fifine...

SÉRAPHINE, *en sortant*.

Bonjour, M. Dodore.

SCENE III.

DODORE, Mme BOQUET.

DODORE, *la regardant*.
Bonjour, séduisante, agaçante bouquetière...

Mme BOQUET.

Comment ? vous voilà, coureur ? Que venez-vous faire ici au lieu d'être à votre atelier ?

DODORE.

M. Daligny m'a donné congé... il est sorti pour toute la journée.

Mme BOQUET.

Et vous passez votre temps à vagabonner...

DODORE.

Vagabonner !... merci... j' viens de gagner vingt-cinq francs...

Mme BOQUET.

Vingt-cinq francs ?

DODORE.

Oui, maman, cinq pièces de cent sous... Entendez-vous le carillon de la monnaie ?

Il secoue son gousset.

Mme BOQUET.

Et par quel moyen ?...

DODORE.

V'là l'histoire. Tout-à-l'heure, en traversant le Pont-Royal, je me dis : Il fait tiède, faut que je prenne un bain froid. Là-dessus, je donne mes habits à un camarade qui reste sur le bord, et me voilà en pleine eau, faisant ma coupe et mes brassées...

Mme BOQUET.

Quelle imprudence!

DODORE.

Tout-à-coup un inspecteur m'aperçoit. Moutard, qu'il me crie, je t'enjoins, au nom de la loi, de sortir de l'eau et de venir ici. — Autorité, je ne demande pas mieux ; venez me donner la main. Elle était bonne, la couleur : j'étais au milieu de la rivière; alors je lui fais ça, (*il met sa main sur son nez et la tourne*) et puis ça. (*Il met les deux mains au bout l'une de l'autre, et les tourne.*) L'inspecteur devient furieux ; il se met à ma poursuite ; il monte sur un bateau de blanchisseuses, puis il veut sauter sur un bateau de charbon ; mais pouf! il tombe au milieu de l'eau et disparaît dans le tourbillon.

Mme BOQUET.

Ah! le pauvre cher homme!

DODORE, *continuant*.

Oh! alors, au risque de me noyer moi-même, je plonge, je l'empoigne par son habit et le ramène sur la rive, aux applaudissemens de toute la foule!

Mme BOQUET.

Ah! c'est très-bien, ça, Dodore!

DODORE.

Gamin, qu'il me dit, quand il est revenu à lui ; je suis reconnaissant de ton procédé, et tu peux t'en aller. — Inspecteur, que je réplique, je n'aurai pas la même générosité que vous; je ne vous permets pas de vous en aller. Si vous m'aviez pris, on vous aurait donné vingt sous, le tarif est là; je vous ai sauvé la vie ; une vie d'inspecteur vaut vingt-cinq francs comme celle du premier venu ; je ne vous lâcherai donc qu'après que nous serons allés chez le commissaire de police et qu'on m'aura donné mes vingt-cinq francs. Les temps sont durs, et on n'a pas le moyen de faire de belles actions pour rien. Ce qui fut dit fut fait; et v'là les fonds.

Mme BOQUET.

Il faut que tu aies un fameux aplomb, quoique ça !

DODORE.

Allons, venez, maman, entrons au café : je vous régale. Un bol de punch au rhum ; le punch au rhum, c'est le lait des vieillards !

Mme BOQUET.

Non, non, merci; j'aime mieux que tu gardes tes vingt-cinq francs pour t'acheter un homme, quand tu seras conscrit.

DODORE.

Un homme de vingt-cinq francs? il ne sera pas lourd !

Mme BOQUET.

J'ajouterai quelque chose. Tiens, v'là les promeneurs qui arrivent, aide-moi à faire ma recette.

DODORE.

Oui, maman. (*A part.*) Avec d'autant plus de plaisir que Mlle Tourloure doit venir aujourd'hui promener son manteau neuf aux Champs-Elysées.

LE VIEUX MONSIEUR, *arrivant en cherchant et allant à Dodore.*

Monsieur...

DODORE.

De quoi?

LE VIEUX MONSIEUR.

Vous n'auriez pas rencontré un griffon d'une entière blancheur, les pattes rouges et la queue noire? Il répond au nom de Cascarot.

DODORE, *à part.*

Ah! c' profil! faut que je le fasse tourner. (*Haut.*) Attendez donc, j' crois qu' j'ai vu l'individu que vous cherchez ; il est allé voir jouer aux quilles, où il a même été très-mal reçu.

LE VIEUX MONSIEUR.

Aux quilles, dites-vous ? je cours de ce côté. Infiniment obligé.

Il s'éloigne.

DODORE.

Ah! ah! en v'là un soigné. Je vais l'envoyer aux boules après !

Il court après le vieux ; la mère Boquet est sortie de scène en remontant les chaises; Dersy et Soliman arrivent en causant.

~~~~~~~~~~~~~~~~~~~~~~~~~~~~~~~~~~

SCENE IV.
DERSY, SOLIMAN.

DERSY.

Ainsi, mon cher, vous dites donc qu'Olga ne veut plus me voir?

SOLIMAN.

Pas seulement du bout du doigt. Tout ce que j'ai pu faire pour vous raccommoder a été inutile. Elle prétend que vous êtes un homme atroce, un don Juan, et puis je crois qu'elle en aime un autre.

DERSY.

Ah! ah! c'est fort plaisant! (*Il regarde à gauche; à part.*) Je ne vois pas la bouquetière.

SOLIMAN, *à part.*

La délirante Fifine n'est pas là.

DERSY, *souriant.*

Je devine qui vous cherchez des yeux.

SOLIMAN.

Parbleu, et moi aussi, je sais qui vous cherchez. Et au fait, pourquoi en ferions-nous mystère, puisque la partie est engagée?

DERSY.

En vérité, Soliman, avec votre air un peu bête, vous avez quelquefois des idées originales. Cette gageure, que vous nous avez proposée, au baron et à moi, en est la preuve.

SOLIMAN.

C'est que j'ai de l'esprit, voyez-vous, mon cher, beaucoup d'esprit, sans que ça paraisse.

DERSY.

Parier chacun mille francs qui appartiendront à celui de nous qui aura su le premier se faire aimer de la petite bouquetière. C'est très-plaisant!

SOLIMAN.

N'est-ce pas? De cette manière, l'heureux vainqueur, outre le cœur de Fifine, aura encore pour lui mille écus, ce qui n'est pas désagréable.

DERSY, *riant.*

Ne dirait-on pas qu'il s'agit d'une course au Champ-de-Mars ou au bois de Boulogne?

SOLIMAN.
Précisément. C'est une course, une course au clocher ; et le clocher à atteindre, c'est le cœur de la jolie bouquetière.

DERSY.
Mais où donc peut être la dame du tournoi ? je ne la vois pas venir.

SOLIMAN.
Ça vous inquiète, hein ? Oh ! la petite vous plaît beaucoup.

DERSY.
Je n'en disconviens pas ; cette bouquetière est si jolie, et puis un air, des manières qui ne sont pas celles des femmes de sa condition. (*A part.*) Oh ! je serais bien malheureux, si je ne l'emportais pas sur le vieux baron et cet imbécile de Soliman.

SOLIMAN.
Ah ! mon Dieu ! je me rappelle ; nous cherchons où peut être la bouquetière. Hier au soir, le baron lui a commandé un bouquet magnifique, en lui disant de le lui apporter ce matin à son lever.

DERSY.
Ce n'est pas trop maladroit !

SOLIMAN.
La petite a donné dans le piége, et peut-être, en ce moment, les mille écus sont-ils gagnés !

DERSY.
Comment, vous penseriez... un séducteur de cinquante-cinq ans !

SOLIMAN.
Oui, mais qui a autant de mille francs de rente que d'années, et l'or rajeunit beaucoup ; c'est un excellent cosmétique que l'or.

DERSY.
Oh ! non, c'est impossible !

SOLIMAN.
Oui, au fait, c'est impossible, puisqu'elle sait que je l'aime.

DERSY.
Au surplus, j'ai à parler au baron : je me rends chez lui, et je saurai où en est notre pari.

SOLIMAN.
C'est cela ; et moi j'attends ici la bouquetière. Vous savez qu'après le baron, c'est mon tour de l'attaquer ; j'ai la corde sur vous, toujours en terme de course.

DERSY.
Je vous retrouverai chez le restaurateur ; nous dînons ensemble.

SOLIMAN.
C'est convenu ; je vais prendre un verre d'absinthe en vous attendant. (*Il appelle.*) Garçon, un verre d'absinthe.

ENSEMBLE.
Air *de Mila.*

Il faut agir d'intelligence,
Il faut séduire un jeune cœur ;
L'un de nous deux, en conscience,
Doit être ici l'heureux vainqueur.

DERSY, *à part.*
Pauvre Soliman ! qui se flatte
De pouvoir me vaincre aujourd'hui.

SOLIMAN.
En amour je suis un pirate,
Un gueux, un Cartouche, un Schubry.

ENSEMBLE.
Il faut agir d'intelligence, etc.
Dersy s'éloigne par le fond.

SCENE V.
SOLIMAN, *seul.*

Eh ! mais, c'est Daligny que j'aperçois. Impossible de l'éviter, il m'a vu ; et moi, qui pendant toute sa maladie n'ai pas été lui faire visite une seule fois !

SCENE VI.
SOLIMAN, DALIGNY.

SOLIMAN, *allant à Daligny.*
Eh ! c'est notre ami Daligny !

DALIGNY, *lui prenant la main avec chaleur.*
Je vous rencontre enfin, mon cher Soliman. Je viens de chez vous ; il me tardait tant de vous voir !

SOLIMAN.
Moi de même, mon cher. Votre blessure est guérie, à ce qu'il me paraît ; ça me fait bien plaisir, car vous savez que je suis l'ami des artistes. Voulez-vous prendre un verre d'absinthe ?

DALIGNY.
Je vous remercie.

SOLIMAN.
A propos, excusez-moi, mon cher, si je n'ai pas été moi-même m'informer de votre santé ; mais j'avais de vos nouvelles.

DALIGNY.
Je le sais, homme généreux, je le sais.

SOLIMAN, *surpris.*
Hein ? (*A part.*) Qu'est-ce qu'il a donc ?

DALIGNY.
Soliman, votre procédé est là, dans mon cœur.

SOLIMAN.
Mon procédé ! Quel procédé ? je ne comprends pas...

DALIGNY.
Vous voulez en vain cacher votre belle action, je prétends, moi, la faire briller au grand jour.

SOLIMAN.
Ma belle action ? C'est singulier, je ne me souviens pas d'avoir la moindre belle action sur la conscience.

DALIGNY.
Soliman, il faut que je vous embrasse.

SOLIMAN.
Vous voulez m'embrasser ? Eh ben ! ma foi, embrassons-nous ! (*A part, tout en l'embrassant.*) Le diable m'emporte si je comprends pourquoi, par exemple !

DALIGNY.
Ah ! voici justement la mère Boquet. Nous allons voir si devant elle vous serez aussi discret !

SCENE VII.

Les Mêmes, Mme BOQUET.

DALIGNY.

Venez, mère Boquet, nous avons à vous parler.

Mme BOQUET, à part.

M. Soliman! tenons-nous bien!

DALIGNY.

Approchez, et venez forcer monsieur à avouer qu'il est le plus généreux des hommes.

SOLIMAN.

Jamais je n'avouerai cela! (*A part.*) Je ne veux pas d'une pareille réputation, tout le monde viendrait m'emprunter de l'argent!

DALIGNY.

Répondez-moi; cet argent que vous m'avez remis pendant le cours de ma maladie, de qui le teniez-vous?

Mme BOQUET.

Je le tenais... de M. Soliman.

SOLIMAN.

De moi? Mon ami, je vous jure, sur la tête de Mamouth, mon plus beau cheval anglais, que cette femme est folle ou prise de boisson!

Mme BOQUET.

Ah! monsieur Soliman, j'ai traversé trois révolutions, et voilà la première fois qu'on m'accuse de boisson.

DALIGNY.

Monsieur, cet argent, je ne l'ai reçu que comme une avance sur votre portrait. Prétendriez-vous faire l'aumône à un artiste?

SOLIMAN.

Moi, par exemple! je n'ai jamais fait l'aumône à personne: je déteste donner.

DALIGNY.

Monsieur, je ne souffrirai pas!...

SOLIMAN.

Allons, voilà qu'il se fâche à présent; après tout, si vous le voulez absolument...

DALIGNY.

A la bonne heure!

SOLIMAN.

Est-ce que je serais somnambule? est-ce que je ferais du bien en dormant?

SCENE VIII.

Les Mêmes, DODORE, *accourant.*

DODORE.

Ah! monsieur Daligny, enfin je vous trouve! depuis une demi-heure, votre portier et moi nous vous cherchons.

DALIGNY.

Qu'est-il donc arrivé?

DODORE.

Il est arrivé une chaise de poste qui s'est arrêtée à la porte de votre domicile; un monsieur bien mis, beau linge, en est descendu, et en apprenant que vous étiez sorti, il a envoyé bien vite le père Moutonnet à votre recherche, en lui promettant un louis s'il vous ramenait avant une heure.

DALIGNY.

Qu'est-ce que cela signifie?... Allons, je vais rentrer... Toi, porte cette lettre à M. Dersy; je l'avais préparée dans le cas où je ne le trouverais pas chez lui. (*A Soliman.*) Il demeure toujours dans le faubourg Saint-Honoré?

SOLIMAN.

Toujours... mais il est sorti depuis ce matin; si vous le désirez, je l'attends, et je lui remettrai votre missive.

DALIGNY.

Ce sera m'obliger. (*Il lui remet la lettre.*) Quant à la réponse, je la connais d'avance; sans adieu.

SOLIMAN.

Au revoir donc, mon cher.

Daligny s'éloigne.

DODORE, à part.

Ah! Mlle Tourloure avec le monsieur qu'elle appelle son oncle... Allons jouer de la prunelle.

Il disparaît.

Mme BOQUET, *apercevant une personne qui se lève au fond.*

Ah! mon Dieu, ce monsieur qui s'en va n'a pas payé sa chaise... monsieur, monsieur.

Elle disparaît aussi.

SOLIMAN.

Fifine ne revient pas, ça commence à m'inquiéter... (*On entend Séraphine chanter dans la coulisse.*) Enfin, je l'entends.

SCENE IX.

SOLIMAN, SÉRAPHINE.

SÉRAPHINE.

AIR d'*Emma*.

Tra, la, la, la, tra, la, la, la,
Ce refrain-là
Toujours me suffira
Pour répondre aux fleurettes.
Tra, la, la, tra, la, la, etc.
Je ne cherche point de conquêtes,
Je n' veux pas avoir d'amourettes;
A tous ces messieurs si galans
Je dis : Vous perdez votre temps!...
J' n'entends pas qu'on me courtise,
Je n' vends que ma marchandise...
Et jamais (*bis.*)
Qu' des bouquets...

SOLIMAN, *s'approchant d'elle.*

Ah! la voilà! celle qui m'a ravi mon cœur... mon repos... mon appétit!...

SÉRAPHINE.

Tra, la, la, la; tra, la, la, la,

Ce refrain-là
Toujours me suffira
Pour répondre aux fleurettes.
Tra, la, la, la, etc.

SOLIMAN.

Bonjour, divine bouquetière!...

SÉRAPHINE.

Bonjour, monsieur Soliman.

SOLIMAN.

Toujours aussi jolie! cette petite brunette...

SÉRAPHINE.

Dam, je ne suis pas encore d'âge à changer.

SOLIMAN.

Je sais d'où vous venez... friponne.

SÉRAPHINE.

Alors, je ne vous l'apprendrai pas.

SOLIMAN.

Vous avez été chez ce vieux baron... qui a un hôtel au faubourg Saint-Germain.

SÉRAPHINE.

C'est vrai; hier, il m'avait payé d'avance un superbe bouquet, en me priant de le porter chez lui... il croyait sans doute que je monterais... mais, malgré les instances du concierge, c'est dans sa loge que j'ai laissé le bouquet... Oh! le diable est bien malin, voyez-vous... mais il faut tâcher d'être aussi fine que lui!

SOLIMAN.

O espiègle!.. ô matoise!.. c'est étonnant!... pour une femme qui vend des bouquets, vous dites des choses très-spirituelles!

SÉRAPHINE.

Pourquoi pas? vous qui vendez des chevaux, vous dites bien des bêtises...

SOLIMAN.

O délicieux... ravissant... elle m'agace... elle me provoque... Tenez, petite Fifine... entre nous, vous avez bien fait de ne pas écouter le vieux baron... ce n'est pas là l'homme qu'il vous faut!... vous valez mieux que ça... Bouquetière, levez les yeux et regardez-moi...

SÉRAPHINE.

Oh! ce n'est pas la peine, je vous ai assez vu!

SOLIMAN.

Vous craignez de me contempler... laissez-vous aller, mignonne... apprenez que je veux faire votre bonheur...

SÉRAPHINE.

Mon bonheur... vous?...

SOLIMAN.

Oui, moi; dites un mot, et vous serez la plus heureuse des femmes, habitant chez un homme seul!

SÉRAPHINE, à part.

L'impertinent!... il faut que je lui fasse payer toutes ses sottises.

SOLIMAN, à part.

Elle se consulte... elle est à moi!

SÉRAPHINE, présentant son éventaire à Soliman.

AIR des Échos du Marais.

Ach'tez-moi quelque chose.

SOLIMAN.

Volontiers... cette rose,
C'est tout votre portrait..

SÉRAPHINE.

Prenez donc ce bouquet,
Et puis celui-là.

SOLIMAN, prenant deux bouquets.

Va pour celui-là...
Répondez, ma brunette.

SÉRAPHINE.

Vous n'avez pas d' violette?
Prenez ce paquet-ci.

SOLIMAN.

Soit, je le prends aussi.

SÉRAPHINE.

Celui-ci.

SOLIMAN, prenant encore deux bouquets.

Va pour celui-ci...
A part.
Je vois dans ses yeux
Naître les plus doux feux.
Elle cédera,
Elle faiblit déjà!

SÉRAPHINE, à part.

Fort bien! je prétend
Qu'il ait dans un moment
Acheté tout ce que je vend!

ENSEMBLE.

SÉRAPHINE, à part.

Il croit que je veux
Bientôt combler ses vœux...
Il pense déjà
Qu'il me captivera!...
Mais moi je prétend
Qu'il ait dans un moment
Acheté tout ce que je vend.

SOLIMAN, à part.

Je vois dans ses yeux
Naître les plus doux feux.
Elle cédera,
Son cœur faiblit déjà.
Quel espoir charmant!
Je serai son amant,
Et de la poul' j'aurai l'argent.

SOLIMAN, revenant vers Séraphine.

Charmante bouquetière.

SÉRAPHINE, lui tendant d'autres bouquets.

Ce bouquet d' jardinière,
Et puis ces boutons d'or.

SOLIMAN.

Bon... je les prends encor.

SÉRAPHINE.

Ces œillets aussi.

SOLIMAN, prenant les bouquets.

Encor celui-ci...
Vous êtes si gentille...

SÉRAPHINE, lui donnant encore un bouquet.

Il vous faut d' la jonquille.

SOLIMAN.

Songez à nos amours...

SÉRAPHINE, de même.

Et ces oreilles-d'ours.
C' dernier là.

SOLIMAN, ne sachant plus que faire des bouquets dont il est empêtré.

Encor tout cela!...

REPRISE DE L'ENSEMBLE.

SÉRAPHINE.

Il croit que je veux, etc.

SOLIMAN, *à part.*
Je vois dans ses yeux, etc.

A la fin de ce morceau, Dodore paraît au fond et regarde.

SCENE X.

SÉRAPHINE, SOLIMAN, DODORE.

SOLIMAN, *tenant toujours ses bouquets.*
Ah çà! il ne suffit pas d'acheter des bouquets... je veux de plus un rendez-vous et un baiser.

DODORE, *au fond.*
Voyez-vous ce gros poussah!

SÉRAPHINE.
Vous n'aurez ni l'un ni l'autre!

SOLIMAN, *courant après elle.*
Oh! c'est ce que nous verrons... je l'aurai... je l'aurai.

Dodore court derrière Soliman, lui passe la jambe; Soliman tombe avec tous ses bouquets.

SOLIMAN, *à terre.*
Aïe!... qu'est-ce que cela signifie?... qui est-ce qui s'est permis cette mauvaise plaisanterie?

LE VIEUX MONSIEUR, *arrivant et allant à Soliman, qui est encore à terre.*
Monsieur, vous n'auriez pas rencontré un griffon d'une entière blancheur, les pattes rouges et la queue noire, qui répond au nom de Cascarot?

SOLIMAN, *en se relevant.*
Eh! non, monsieur... non! je n'ai pas rencontré de griffon! Il me semble que vous n'aviez pas besoin de me donner un croc-en-jambe, pour me demander ça... vieux stupide.

LE VIEUX MONSIEUR.
Infiniment obligé, monsieur... je vais voir jusqu'au Cirque de Franconi!...

Il s'en va.

DODORE, *à part.*
Ah! elle est bonne!

UN GARÇON, *sortant du restaurant.*
Monsieur Soliman, vous êtes servi; M. Dersy vous attend.

SOLIMAN.
C'est bien.

SÉRAPHINE.
Et mes bouquets?...

SOLIMAN.
Les voilà vos bouquets.

SÉRAPHINE.
Mais c'est de l'argent qu'il me faut.

SOLIMAN.
Combien vous dois-je?

SÉRAPHINE.
Vingt francs.

SOLIMAN.
Vous ne les donnez pas. Les voici... Adieu, méchante... (*A part.*) Je crois que je ne gagnerai pas les mille écus.

Il entre au restaurant, suivi du garçon.

SCENE XI.

LES MÊMES, *excepté* SOLIMAN *et le* GARÇON.

DODORE.
Eh bien, mademoiselle Fifine, j'espère que je suis arrivé à propos pour vous faire esquiver le baiser du maquignon.

SÉRAPHINE.
C'est vrai, monsieur Dodore, et je vous en remercie.

DODORE.
Comment donc! il n'y a pas de quoi... protéger la beauté, c'est le premier devoir de l'artiste français...

SÉRAPHINE.
A présent, je puis fermer ma boutique; il ne me reste plus qu'un bouquet, et je le vendrai bien en m'en allant.

Elle relève son éventaire et le met sur sa hotte.

DODORE, *remontant la scène, et apercevant Daligny.*
(*A part.*) Tiens, M. Daligny! (*Il s'approche de lui.*) Eh bien, monsieur Daligny, avez-vous vu votre étranger?

DALIGNY, *sans voir Séraphine.*
Oui, je l'ai vu... et il faut que ce soir même je parte avec lui pour l'Angleterre; j'étais venu ici pour l'apprendre à ta mère; mais, puisque je te rencontre, tu te chargeras de ce soin.

DODORE.
Oui, monsieur, je le lui dirai... Comment! monsieur, vous partez?... oh! emmenez-moi, emmenez-moi!...

DALIGNY.
Je le veux bien... si ta mère y consent.

DODORE.
Vrai... je vous accompagnerais?.. Oh! maman ne me refusera pas... elle sait bien que les voyages ça forme un jeune homme... et puis un artiste a besoin de voyager... Je cours l'embrasser, lui faire mes adieux, et je suis à vous.

DALIGNY.
Tu n'as pas de temps à perdre; à neuf heures précises, la chaise de poste doit me prendre à la Porte-Maillot.

DODORE.
Tiens!.. pourquoi donc pas à la vôtre?..

DALIGNY.
Parce qu'avant de partir j'ai une affaire... une affaire à vider au bois de Boulogne.

DODORE.
Une affaire?

DALIGNY.
Allons, va, hâte-toi.

DODORE.
Oui, monsieur, à neuf heures, à la Porte-Maillot.

Il sort.

SCÈNE XII.

DALIGNY, SÉRAPHINE.

DALIGNY, *à lui-même.*

A présent je suis fâché d'avoir écrit à M. Dersy; j'aurais mieux aimé lui demander la revanche qu'il me doit, à mon retour d'Angleterre... mais le rendez-vous est donné... il n'y a plus à balancer... (*Il fait quelques pas et aperçoit Séraphine.*) Que vois-je! Séraphine!

SÉRAPHINE, *se retournant.*

M. Ernest!

ENSEMBLE.

SÉRAPHINE, *à part.*

Ah! je tremble et j'espère...
Il m'aime encor, je crois;
S'il me sait bouquetière,
Que dira-t-il de moi?

DALIGNY, *à part.*

Séraphine! que faire?
Lui parler, je le dois;
Sa présence si chère,
Me trouble malgré moi.

DALIGNY.

Vous ici, mademoiselle? par quel hasard? ah! j'avoue que je ne vous croyais plus à Paris.

SÉRAPHINE.

Pardonnez-moi, monsieur, je ne l'ai pas quitté.

DALIGNY.

Et puis-je vous demander ce que vous faites aux Champs-Élysées, avec ce bouquet?

SÉRAPHINE, *avec embarras.*

Moi... je... j'étais venue pour souhaiter la fête à cette bonne Mme Boquet...

DALIGNY.

Ma femme de ménage?... elle est bien heureuse que vous songiez encore à elle!.. je ne vous aurais pas cru tant de mémoire.

SÉRAPHINE.

Monsieur... (*A part.*) Près de lui je suis embarrassée comme si j'étais coupable.

DALIGNY.

Vous ne vous attendiez pas à me rencontrer, n'est-ce pas? et je vois à votre embarras que ma présence vous importune.

SÉRAPHINE.

Ah!... vous ne le pensez pas...

DALIGNY.

Je dois le croire... après votre abandon... votre oubli... mais si j'en juge par la simplicité de votre toilette, la fortune ne vous a pas été plus favorable que par le passé. Hélas!... pourquoi ne suis-je pas riche?.. que j'aurais été heureux de vous offrir mon appui!.. car, si vous m'avez oublié... ah! je n'ai pas fait de même, moi!

SÉRAPHINE.

Et pourquoi donc toujours penser que je vous avais oublié?...

DALIGNY.

Ne m'en avez-vous pas donné la preuve?.. pendant ma maladie, êtes-vous venue me voir une seule fois?..

SÉRAPHINE.

Ma présence chez vous n'eût pas été convenable... mais j'avais chaque jour de vos nouvelles par la bonne mère Boquet.

DALIGNY.

Chaque jour?... vous pensiez donc à en demander... Mais une visite de vous m'eût fait tant de bien!.. elle m'eût guéri sur-le-champ!...

SÉRAPHINE.

Pour moi elle eût peut-être été dangereuse... je vous dois tant!.. et la reconnaissance va trop loin quelquefois.

DALIGNY, *lui prenant la main.*

Ah! vous me laissez entrevoir un bonheur que je n'osais plus espérer... Si vous m'aviez aimé... j'aurais été si heureux!... car moi je vous adore... votre image est là... elle ne m'a pas quitté!.. mais, hélas!... je me flatte à tort... vous ne m'aimez pas... oh! non... jamais aucune femme ne m'aimera... jamais un cœur ne répondra au mien!...

SÉRAPHINE, *avec abandon.*

Jamais on ne l'aimera, dit-il... ah! vous me jugez donc bien ingrate!.. Si, monsieur, si, on vous aime.

DALIGNY.

Séraphine!...

SÉRAPHINE.

Il faut bien vous l'avouer, puisque vous ne voulez pas le croire.

DALIGNY.

Chère Séraphine... il serait vrai!... vous partagez mon amour!.. ah! la fortune, les honneurs ne sont rien auprès du bonheur que vous me faites goûter... (*Il lui baise la main.*) Mais, hélas! pourquoi faut-il que le sort me force à m'éloigner de vous... maintenant que je ne voudrais plus vous quitter!

SÉRAPHINE.

Que voulez-vous dire?

DALIGNY.

Il faut que je parte ce soir, à neuf heures... (*A part.*) Si à cette heure je ne suis pas tué ou blessé par Dersy.

SÉRAPHINE.

Quoi!... vous allez partir ce soir même?.. mais ce ne sera pas pour long-temps, n'est-ce pas?... je vous reverrai bientôt?...

DALIGNY, *tristement.*

Je l'espère...

SÉRAPHINE.

Qu'avez-vous?.. vous semblez inquiet?...

DALIGNY.

Rien... le regret de me séparer de vous...

SÉRAPHINE.

Vous me cachez quelque chose!

DALIGNY.

Non, chère Séraphine... mais l'heure s'avance... le devoir m'appelle... adieu... vous penserez à moi... Ah! permettez-moi de presser sur mes lèvres cette main chérie... (*A part.*) Pour la dernière fois peut-être... (*Il lui baise la main.*) Allons chercher mes armes.

Il s'éloigne brusquement par le fond.

SCENE XIII.

SÉRAPHINE, *seule, le regardant encore s'éloigner.*

Comme il me quitte précipitamment!.. on dirait qu'il craint que je ne lise dans ses yeux... sa voix était triste en me disant adieu... Ah! je ne sais pourquoi je redoute encore quelque malheur!... On sort de chez ce traiteur... c'est M. Soliman avec M. Dersy... Ah! je ne veux pas être encore obligée d'entendre leurs complimens!...

Elle se retire un peu à l'écart, derrière un arbre. Dersy et Soliman sortent du restaurant, en causant et sans la voir.

SCENE XIV.
SÉRAPHINE, DERSY, SOLIMAN.

DERSY, *riant.*

Ainsi donc, mon pauvre Soliman, vous vous avouez vaincu, vous déposez les armes... un séducteur de votre trempe...

SOLIMAN.

Que voulez-vous? le meilleur cheval peut buter... et puis je n'ai pas fait grands frais pour plaire à cette petite... Je ne sais pas; mais je trouve qu'elle enlaidit.

DERSY.

Par exemple! elle n'a jamais été si fraîche et si jolie.

SOLIMAN.

Ça dépend de la manière de voir... moi, décidément, j'aime mieux les blondes... je suis fatigué des brunes!

DERSY.

Alors me voici sans concurrens, et à peu près sûr de gagner les mille écus.

SOLIMAN.

Un moment... il faut auparavant que vous touchiez le cœur de la bouquetière...

DERSY.

C'est la moindre des choses...

SÉRAPHINE, *à part.*

Le fat!

SOLIMAN, *se fouillant.*

Ah! à propos, mon bon, j'ai une lettre pour vous de la part de Daligny.

SÉRAPHINE, *à part.*

D'Ernest! écoutons.

DERSY, *la prenant.*

Voyons... (*Lisant.*) « Monsieur, à présent que ma » blessure est guérie, je puis vous rappeler les con» ditions de notre duel... Vous me devez une re» vanche à l'épée, et je vous la demande. Je vous at» tendrai ce soir à huit heures, à l'entrée du bois » de Boulogne. Je vous connais trop bien pour crain» dre de vous attendre en vain.» (*Parlé.*) Non, certes! mon petit monsieur, ce ne sera pas en vain...

SÉRAPHINE, *à part.*

Encore un duel! voilà ce que me cachait Ernest.

DERSY.

J'avais prévu cette provocation... aussi ne me trouve-t-elle pas au dépourvu... Depuis deux mois je ne quitte pas la salle d'armes de Grisier, et je puis promettre à M. Daligny qu'il aura, à l'épée, le même sort qu'au pistolet.

SÉRAPHINE, *à part.*

Mon Dieu! mon Dieu! comment empêcher ce combat?... Il est un moyen peut-être... oui, essayons... aucun sacrifice ne doit me coûter...

DERSY, *tirant sa montre.*

Huit heures, m'écrit-il... il n'en est que sept; j'ai encore une heure devant moi...

SÉRAPHINE, *s'approchant de Dersy et lui offrant un bouquet.*

Monsieur, voulez-vous m'acheter mon dernier bouquet?

DERSY.

Hé! voici notre jolie bouquetière... (*Bas à Soliman.*) Laissez-moi seul avec elle.

SOLIMAN, *bas.*

Mais votre duel...

DERSY, *de même.*

J'ai le temps.

SOLIMAN, *bas.*

Allons, je me retire. (*Haut.*) Tiens, j'ai oublié de prendre mon café, et un dîné sans café c'est un cheval sans selle. (*Entrant dans le restaurant.*) Garçon, une demi-tasse.

SCENE XV.
SÉRAPHINE, DERSY.

DERSY, *prenant le bouquet à Séraphine.*

C'est donc votre dernier bouquet?...

SÉRAPHINE.

Oui, monsieur... j'ai vendu toutes mes autres fleurs...

DERSY.

Je le crois... on ne doit jamais refuser une aussi jolie marchande!

SÉRAPHINE.

Oh!... vous êtes trop galant, monsieur...

DERSY.

Trop!... Ah! si vous pouviez lire dans mon cœur... si je vous disais tout ce que vos beaux yeux m'inspirent... vous verriez que depuis long-temps vos charmes m'ont tourné la tête...

SÉRAPHINE.

Monsieur veut s'amuser à mes dépens... Un homme du grand monde pourrait-il s'occuper d'une petite bouquetière?

DERSY.

Eh! pourquoi pas, quand la bouquetière est plus séduisante que toutes nos coquettes de salon?... Fifine... ravissante Fifine!... si vous vouliez m'écouter...

Il lui entoure la taille.

SÉRAPHINE.

Oh!... vous me tromperiez comme les autres...

DERSY, à part.

Eh! mais... ce soir elle semble beaucoup moins farouche... (*Haut.*) Je serais si heureux de pouvoir vous faire sortir de cette condition obscure où le sort vous a placée, mais qui ne vous convient pas !.. Avec des grâces, des attraits, de l'esprit, on doit briller dans le monde... on doit y éclipser nos femmes les plus à la mode... En vous faisant bouquetière, la fortune s'est trompée... permettez-moi de réparer son erreur...

SOLIMAN, *paraissant à la fenêtre et tenant une demi-tasse de café à la main.*

Voyons où l'on en est... Diable !... la conversation semble déjà bien engagée...

DERSY, *prenant la main à Séraphine.*

Vous ne me répondez pas... La jolie main !.. (*Il lui baise la main.*) Ah ! ce ne fut jamais la main d'une paysanne... vous n'êtes pas née, je le gage, pour vendre des bouquets.

SOLIMAN.

Le scélérat !... il gagne du terrain... mon café me semble amer...

SÉRAPHINE, à part.

O mon Dieu !... donnez-moi la force de ne pas me trahir !

DERSY.

Fifine... on est bien mal ici pour causer... tous les passans peuvent nous entendre... Si vous vouliez entrer avec moi chez ce traiteur... et accepter un petit souper en tête-à-tête...

SÉRAPHINE.

Comment !... que j'entre avec vous... chez un traiteur !... Oh ! si on le savait !...

DERSY, à part.

Elle balance... elle est à moi...

SOLIMAN, à part.

J'ai bien peur pour mon argent !

DERSY.

Qui voulez-vous qui le sache ?... c'est là... en face... Après tout, n'êtes-vous pas maîtresse de vos actions ?...

SÉRAPHINE.

Oh ! mais... souper avec vous... ce serait bien mal...

DERSY.

Pourquoi donc cela ?... ne suis-je pas votre esclave ?

SOLIMAN.

Ce café est détestable !

SÉRAPHINE, à part.

L'heure s'avance... le moment du duel doit approcher.

DERSY.

Fifine... vous consentez, n'est-ce pas ?...

SÉRAPHINE.

Mais... je n'ai pas dit...

DERSY.

Vous consentez... Oh ! je suis le plus heureux des hommes...

SOLIMAN.

Aïe ! j'avale de travers !

DERSY, *prenant la main de Séraphine pour l'entraîner chez le traiteur.*
AIR *du Pré aux Clercs.*

Venez, venez, fille charmante,
Car en ces lieux on peut nous voir ;
L'amour a comblé mon attente;
Ah ! pour mon cœur quel doux espoir !
On entend sonner huit heures. Dersy quitte la main à Séraphine.

DERSY, *écoutant.*

Écoutons, écoutons ; mais c'est l'heure qui sonne !
Du combat, du combat, c'est l'heure, je l'entends !...

SÉRAPHINE, à part.

Il hésite, grand Dieu ! je tremble, je frissonne !
Allant à Dersy et lui prenant la main.
Eh bien ! monsieur, je vous attends !...

DERSY, à part.

Ah ! ma foi, l'occasion est trop belle... je me battrai demain...

Il parle bas au garçon de café, qui est entré en ce moment, et qui rentre ensuite.

SÉRAPHINE, à part.

Ah ! Daligny sera sauvé... et moi... je mourrai avant d'être déshonorée !...

Ils reprennent le chant.

ENSEMBLE.

DERSY.

Venez, venez, fille charmante,
En ces lieux on pourrait nous voir;
L'amour a comblé mon attente,
Ah ! pour mon cœur quel doux espoir !

SÉRAPHINE.

Mon Dieu ! mon Dieu ! je suis tremblante !
En ces lieux on pourrait nous voir.
A part.
Je saurai, contre son attente,
Je saurai faire mon devoir.

Dersy entre avec Séraphine chez le traiteur.

SOLIMAN, *toujours à la fenêtre.*

Allons !... c'est fini... adieu mon argent !...

LE VIEUX, *arrivant et allant à Soliman.*

Monsieur, vous n'auriez pas rencontré un griffon d'une entière blancheur, les pattes rouges et la queue noire, qui répond au nom de Cascarot ?...

SOLIMAN, *furieux.*

Eh !... morbleu ! laissez-moi tranquille avec votre chien !... allez-vous-en au diable !... voilà six fois que vous me demandez cela aujourd'hui.
Il montre à droite.

LE VIEUX.

Infiniment obligé, monsieur... je vais aller le chercher jusqu'à l'obélisque...

ACTE TROISIÈME.

Un salon richement meublé; portes latérales, porte au fond.

SCENE PREMIERE.
BETZY, JUSTIN.

JUSTIN, *venant du fond, à Betzy, qui sort de la pièce à gauche.*
Eh bien! miss Betzy, avez-vous rempli ponctuellement les ordres de son honneur?

BETZY, *avec l'accent anglais.*
Oh! yes, monsieur Justin, je avais bien fait tout ce qu'on avait dit à moi. Je sortais de le appartement de le jolie miss, qui était arrivée ici hier... le soir... Je avais donné à elle tout ce qu'il faut pour son habillement... et elle m'avait fait une révérence très-gracieuse... Oh! les Françaises, elles faisaient très-bien le révérence!...

JUSTIN.
Et la vieille dame qui est là...?

Il montre à droite.

BETZY.
Je avais porté ce matin à elle son café, dans le lit, au lait.

JUSTIN.
Très-bien.

BETZY.
Ces dames étaient Françaises, je crois...

JUSTIN.
Oui.

BETZY.
Et savez-vous, monsieur Justin, ce que elles venaient faire chez M. le baron?

JUSTIN.
Je m'en doute.

BETZY.
Et vous allez dire à moi?

JUSTIN.
Non... c'est impossible!

BETZY.
Oh! vous pas complaisant!... vous pas si aimable que le secrétaire de M. le baron... Oh! il était bien gentil le petit secrétaire... il montrait à moi le français... le chant... le danse... il montrait tout ce que je voulais!

JUSTIN.
Parbleu!... c'est un jeune fou qui ne songe qu'à s'amuser... mais croyez-moi, miss Betzy, pas de curiosité. Rappelez-vous que vous êtes au service d'un Français; que de toute sa maison, vous seule êtes Anglaise, et que M. le baron vous accorde une grande confiance.

BETZY.
Oh! je servais son honneur avec beaucoup fort de zèle... je étais pas curieuse... c'était seulement que je voulais savoir pour instruire moi.

JUSTIN.
Je retourne près de mon maître; vous, redoublez de soins, de prévenances avec les deux étrangères.

Il sort.

BETZY, *seule.*
Le valet de chambre pas si gentil que le secrétaire... Oh! le petit secrétaire!... il voulait toujours embrasser moi, serrer moi, cajoler moi... il disait que je étais jolie, gracieuse, séduisante... Je aimais beaucoup son conversation... Ah! encore un étranger!...

SCENE II.
BETZY, SOLIMAN.

SOLIMAN, *au fond.*
Superbe hôtel... une livrée magnifique... je dois être chez un pair d'Angleterre ou bien chez un marchand de cirage... il y en a ici de riches à millions.

BETZY.
Que demandait monsieur?

SOLIMAN, *à part.*
Ah! c'est une Anglaise... heureusement je sais quelques mots du pays. (*Haut.*) Miss... mademoiselle... moi avoir lu dans les Petites-Affiches du pays à vous qu'il y avoir des chevaux à vendre dans cet hôtel... goddem!...

BETZY.
Yes... des chevals... invalides...

SOLIMAN.
Comment? invalides... (*A part.*) Ah! elle veut dire de réforme!... Ça fera d'excellens chevaux neufs en France. (*Haut.*) Moi pouvoir bien les acheter si eux convenir à moi, goddem!

BETZY.
Je comprenais...

SOLIMAN, *à part.*
Elle comprenait; décidément... je parle très-bien l'anglais.

BETZY.
Monsieur... il était marchand dans les chevals?...

SOLIMAN, *à part.*
Les chevals... Elle a un accent très-prononcé. (*Haut.*) Non, miss... mademoiselle, non, moi suis

pas marchand de chevaux... moi en achète, moi en vends, c'est vrai, mais seulement par goût, par passion pour cet intéressant quadrupède... j'en fais un objet d'art... enfin, si j'ose m'exprimer ainsi, je suis artiste en chevaux... Et à qui appartenir cet hôtel, goddem?...

BETZY.

A sa grâce le baron de Childenbrock.

SOLIMAN.

Le baron de Childen... croque?...

BETZY.

Je disais brock!...

SOLIMAN.

Brock ou croque... c'est toujours un nom baroque! Et lui être beaucoup riche ce baron, à ce que moi vois?

BETZY.

Yes... il avait trois ou quatre millions de bien.

SOLIMAN.

Des millions! ce doit être un homme bien agréable... je serais enchanté de faire sa connaissance... Goddem!... puis-je avoir l'honneur de le voir?...

BETZY.

Il était sorti pour le présent... Si vous il voulait toujours voir les chevals invalides à vendre...

SOLIMAN.

Très-volontiers, mademoiselle miss...

BETZY.

Alors, vous attendre ici un moment... je allais prévenir le palefrenier qui conduira vous dans les écuries...

SOLIMAN.

Les écuries! oh! bravo! j'adore les écuries de la Grande-Bretagne .. tout y est confortable, soigné, coquet même... on y respire un parfum... de bonne compagnie... Allez, miss, moi attendre vous... goddem!

BETZY, *à part.*

Et puis je allais tâcher de rencontrer le petite secrétaire... Oh! il était si gentil... si joli!... (*A Soliman.*) Je revenais tout de suite.

Elle sort.

SCÈNE III.

SOLIMAN.

Elle est fort gentille cette jeune Anglaise... elle a un nez allemand et une bouche grecque... et si mon cœur n'était pas entièrement absorbé par l'image d'une autre... En vérité, quelquefois je suis tenté de me dire à moi-même des choses désagréables... Être encore amoureux fou de celle qui sous mes yeux s'est rendue coupable d'un tête-à-tête en cabinet particulier... c'est un peu fort... C'était peut-être par inconséquence... Quoi qu'il en soit, charmante Fifine, je t'aime, je t'aime, je t'aime!

AIR : *Fa, fa, fa, fa fa.*

Je n' me r'connais pas,
Je crois que j'en perdrai la tête ;
Je suis bien moins gras ;
Je ne fais plus que cinq repas;
Je gémis tout bas,
Je soupire comme une bête ;
Amour! que de maux
Tu causes aux marchands de chevaux!

D'un minois piquant,
 Quand
Mon cœur est épris,
 Pris,
Ah! c'est pour jamais ;
 Mais
Le sien, aguerri,
 Rit!
Pour te retrouver
Je voudrais crever vingt montures ;
Mille autres figures
En vain voudraient me captiver.

Je n' me r'connais pas, etc.

Il serait pourtant
 Temps,
Que je sache aussi
 Si
Elle aime à l'écart ;
 Car
Je me sens, hélas!
 Las
De toujours courir
Après cette beauté charmante
Que je veux haïr!...
Et que je ne puis que chérir.

Je n' me r'connais pas, etc.

Fifine!... je veux que la plus belle jument anglaise que j'amènerai en France porte ton joli nom... De cette manière je ferai trotter Fifine, je ferai étriller Fifine, je donnerai même des coups de cravache à Fifine, et ce sera toujours une consolation... Mais quelqu'un vient... Ah! c'est une dame.

SCÈNE IV.

SOLIMAN, Mme BOQUET.

Mme BOQUET, *sortant de la pièce à droite ; elle est mise avec élégance, mais un peu ridiculement.*

Holà! hé!, garçon! valet! jockei! Ah çà! j'espère qu'aujourd'hui je trouverai quelqu'un à qui parler... car depuis trois jours que je suis dans cet hôtel, il faut pourtant que ça s'explique... oui, il me faut des explications, ou bien je m'exaspère... et alors... Que vois-je! monsieur Soliman!...

SOLIMAN.

La mère Boquet... vêtue comme une vicomtesse!

Mme BOQUET.

Et par quel hasard en Angleterre, monsieur Soliman?

SOLIMAN.

Par un hasard bien naturel ; je suis venu à Londres pour acheter des chevaux anglais. Mais vous-même, madame Boquet, que faites-vous dans cet hôtel... sous un costume de bayadère?..... Est-ce que j'aurais l'honneur de parler à milady

Childencroque ou broke... (*A part.*) Ces Anglais sont si bizarres !... Le baron est peut-être un antiquaire.

Mme BOQUET.

Childencroque?... qu'est-ce que c'est que ça... connais pas.

SOLIMAN.

Comment ! connais pas ?... c'est le propriétaire de cet hôtel... Et vous ne connaissez pas quelqu'un chez qui vous êtes ?

Mme BOQUET.

Je suis chez un homme? un homme seul, peut-être ?... Ah ! quelle horreur !

SOLIMAN.

Mais comment se fait-il ?...

Mme BOQUET.

Figurez-vous qu'une lettre est venue me trouver au milieu de mes chaises, où me proposait en Angleterre une place de femme de confiance, et de très-forts appointemens. Moi je suis partie pour Londres, d'autant plus que mon Dodore était en voyage. J'ai été parfaitement reçue dans cet hôtel par une jeune Anglaise... on m'a donné des toilettes superbes... des spencers, des bolivards... ma foi, j'ai mis tout ça... j'ai dit : C'est sans doute l'usage du pays... Ça ne me va pas trop mal, n'est-ce pas ?

SOLIMAN.

Comment donc ! mais au contraire... (*A part.*) On dirait du dromadaire d'Abd-el-Kader.

Mme BOQUET.

Mais apprenez le plus étonnant... cette lettre que j'ai reçue était de Mlle Fifine, la bouquetière...

SOLIMAN.

De la céleste, de la radieuse Fifine !... Je comprends tout à présent... c'est elle qui aura épousé milord Childarock... de la main gauche sans doute... Fifine est ici !... dans cet hôtel !... je piétine le tapis sur lequel elle a trotté... O délices !... ô Fifine ! pour peu que tu aies conservé un reste d'esprit national, M. Childenfroque... Chut ! on vient...

SCENE V.

Les Précédens, BETZY.

BETZY, *à Soliman.*

Le palefrenier il était dans le cour aux ordres de monsieur.

SOLIMAN.

Je allais me rendre auprès de ses pensionnaires...

Mme BOQUET.

Dites-donc, petite ! je voudrais pourtant bien voir Mlle Séraphine ; elle doit être dans cet hôtel, puisqu'elle m'y a fait venir...

BETZY.

Une jeune miss française... jolie?...

Mme BOQUET.

C'est cela même.

BETZY, *montrant à gauche.*

Voilà son appartement...

SOLIMAN, *que Betzy invite à la suivre.*

Sans adieu, mère Boquet, je reviens à l'instant.

Il sort avec Betzy.

SCENE VI.

Mme BOQUET, *puis* SÉRAPHINE.

Mme BOQUET.

C'est là, m'a dit cette Anglaise, que je trouverai ma chère Séraphine. Oh ! ma foi, je n'y tiens plus, il faut que je la voie. Eh ! la voilà, cette chère enfant !

SÉRAPHINE, *sortant de la porte à gauche en toilette très-simple.*

C'est vous, ma bonne madame Boquet? (*Elle l'embrasse.*) Ah ! que je suis contente de vous revoir, de vous embrasser !

Mme BOQUET.

Et moi donc, mon enfant ! en pays étranger, il semble qu'on s'aime encore plus !

SÉRAPHINE.

Vous voyez que je n'ai pas hésité à suivre vos conseils ; aussitôt que votre lettre m'est parvenue, je me suis mise en route, et me voici.

Mme BOQUET.

Hein? comment, ma lettre?

SÉRAPHINE.

Ne m'avez-vous pas écrit, pour m'engager à venir vous joindre à Londres, en me promettant, avec votre bonté ordinaire, de me servir de mère, parce que vous aviez ici une fortune honorable?

Mme BOQUET.

Moi? mais je n'ai pas tracé un mot de tout ça ! c'est vous, au contraire, qui m'avez écrit que vous étiez à Londres, dans une position brillante, et que vous vouliez m'avoir près de vous.

SÉRAPHINE.

Oh ! mon Dieu ! mais cette lettre n'était pas de moi !

Mme BOQUET.

Pas de vous ! serait-il bien possible !

SÉRAPHINE.

Ah ! madame Boquet, aurait-on voulu nous attirer ici dans un piége ?

Mme BOQUET.

Oui, mon enfant, il n'y a plus à en douter, c'est un horrible guet-apens ! on en veut à notre vertu, à notre innocence ! Ah ! mon Dieu ! et moi qui ai traversé trois révolutions, et qui n'ai pas deviné ça ! Je ne m'étonne pas si les scélérats m'ont envoyé des spencers et des bolivards ; ils voulaient me séduire par un luxe asiatique, parer la pauvre victime avant de l'immoler ! Oh ! mais ça ne se passera pas comme ça ! il doit y avoir des commissaires de police à Londres, et je vais faire ma déclaration.

Elle va pour sortir ; Betzy arrive.

SCENE VII.

Les Mêmes, BETZY.

BETZY, *accourant*.

Vous, crier beaucoup fort! Vous, voulait-il quelque chose?

Mme BOQUET.

Oh! oui, certainement que je crierai beaucoup fort! Ce que nous voulons? c'est qu'on nous dise pourquoi on s'est servi d'un moyen infâme pour attirer dans cet hôtel deux innocentes brebis?

BETZY, *riant*.

Comment! vous, il était une brebis?

Mme BOQUET.

Mais qu'on y prenne garde; quand je suis en colère, je deviens une lionne!

BETZY, *présentant une lettre à Séraphine*.

Miss, c'était une lettre que monsieur le baron il envoyait à vous.

SÉRAPHINE, *prenant la lettre*.

Une lettre!

Mme BOQUET.

Lisez, mon enfant; il faut espérer qu'elle n'est pas fausse, celle-ci.

SÉRAPHINE, *lisant*.

« Mademoiselle, avant de m'offrir à vos regards,
» mon premier devoir est d'implorer mon pardon,
» pour la ruse que m'a inspiré l'amour le plus ten-
» dre et le plus respectueux. »

Mme BOQUET.

L'amour!... Ah! j'étais bien sûre qu'il y aurait de ça! Il est amoureux de nous.

SÉRAPHINE, *continuant*.

« Je vous ai vue à Paris, et ce moment a décidé
» de mon sort ; vous seule pouvez assurer mon bon-
» heur. Permettez-moi de me présenter à vous; que
» je puisse réparer ma faute par l'offre de ma for-
» tune et de ma main. Le baron de Childenbrock.»

Mme BOQUET, *à Betzy*.

Eh ben! est-ce que vous n'avez pas aussi une déclaration pour moi? (*Betzy fait signe que non.*) C'est étonnant!

SÉRAPHINE, *rendant la lettre à Betzy*.

Dites à votre maître que, s'il veut réparer sa faute, il faut qu'il nous donne à l'instant même, à madame et à moi, les moyens de retourner en France. Bien des femmes seront sans doute séduites par l'offre qu'il daigne me faire; mais mon cœur est à un autre, et ce n'est qu'à lui que ma main peut appartenir.

Mme BOQUET.

Bien répondu. Et cet autre, s'il faut le nommer, c'est M. Ernest Daligny, peintre distingué, rue Saint-Honoré, 276.

SCENE VIII.

Les Mêmes, DALIGNY, DODORE.

Daligny est en grande toilette ; Dodore est en petit-maître très-élégant.

DALIGNY, *accourant par le fond*.

Et aujourd'hui baron de Childenbrock!

SÉRAPHINE.

Ernest!

Mme BOQUET.

M. Daligny et mon Dodore !

ENSEMBLE.

AIR de *Gustave*.

Ah! quel plaisir! ah! quelle ivresse!
C'est bien { vous / toi } que je revoi !
Ah! pour mon cœur quelle allégresse !
Que ce jour est doux pour moi !

SÉRAPHINE, *à Daligny*.

Vous, en ces lieux?...
Je ne puis en croire mes yeux !...

DALIGNY.

C'est votre amant,
Toujours plus tendre, plus constant!

Mme BOQUET, *à son fils*.

Comment! mon fils
A fait fortune en ce pays?...

DODORE.

Et le plus fort,
C'est qu'on me prend pour un mylord.

ENSEMBLE.

Ah! quel plaisir! etc.

Mme BOQUET.

Comment! c'est toi, mon Dodore? Dieu! es-tu beau! es-tu beau!

DODORE.

Ah! dam! on a le genre anglais, et, de plus, on est secrétaire intime de M. le baron!

BETZY, *à part*.

Oh! yes, il était gentil tout plein le petit monsieur.

DALIGNY.

Chère Séraphine, le baron de Childenbrock attend son pardon.

SÉRAPHINE.

Je le lui accorde ; mais pourquoi s'est-il exposé à en avoir besoin? pourquoi ces fausses lettres, ce nom supposé?

DALIGNY.

J'ai voulu m'assurer si l'offre d'un rang, d'une position brillante, ne vous ferait pas oublier l'artiste sans fortune.

SÉRAPHINE.

Ingrat! vous doutiez de mon cœur!

DALIGNY.

Ma vie sera employée à réparer ma faute. A vous dès aujourd'hui l'immense héritage que m'a laissé mon oncle, à vous ce titre qu'il a voulu que je portasse en mémoire de lui ; à vous enfin mon cœur et ma main.

SÉRAPHINE.

Cher Ernest! une joie si subite, ce n'est pas un rêve, c'est bien vrai? je serai votre femme?

DALIGNY.

Oui, ma Séraphine; c'est la main d'un époux qui presse votre main chérie.

DODORE, *bas à sa mère.*

Dites donc, maman, je ne me trompe pas, c'est la jolie bouquetière.

Mme BOQUET, *de même.*

Pas un mot sur elle à M. Daligny, je t'en dirai la raison.

DODORE, *de même.*

Ça suffit, maman.

DALIGNY, *à Mme Boquet.*

Et vous, ma vieille amie, me pardonnerez-vous le petit voyage que je vous ai fait faire?

Mme BOQUET.

Moi? pour être témoin de votre bonheur, mais j'irais au bout du monde, en coucou!

DODORE, *bas à Betzy.*

Bonjour, aimable insulaire.

BETZY.

Voulez-vous laisser moi! je voulais être sérieux devant le monde.

SÉRAPHINE.

Désormais nous ne formerons plus qu'une même famille. (A Mme *Boquet.*) Vous êtes ma mère d'adoption, et voici mon frère.

Montrant Dodore.

DODORE.

Alors je pourrai me vanter d'avoir une petite sœur joliment ficelée.

Mme BOQUET.

Hein! qu'est-ce que c'est que ce mot-là?

DODORE.

C'est un terme anglais; ça veut dire peau blanche.

Mme BOQUET.

Il parle déjà anglais!

JUSTIN, *arrivant par le fond.*

Un marchand de chevaux demande à parler à monsieur le baron.

DALIGNY.

Ah! il prend bien son temps! renvoyez-le. Oh! non, en devenant riche, je me suis promis de ne jamais oublier combien il est ennuyeux de faire antichambre. Faites entrer ce monsieur. (*Justin sort.*) Ma chère Séraphine, je veux que notre contrat soit signé aujourd'hui même; il faudra songer à votre toilette; vous trouverez tout ce qu'il vous faut dans votre appartement.

Mme BOQUET.

Il pense à tout! c'est moi qui vous habillerai, mon enfant.

SOLIMAN, *en dehors.*

De ce côté, dites-vous? infiniment obligé.

DALIGNY.

Eh! mais je reconnais cette voix...

Mme BOQUET, *à part à Séraphine.*

C'est un de vos amoureux des Champs-Élysées.

SCÈNE IX.

LES MÊMES, SOLIMAN.

SOLIMAN, *s'avançant en saluant.*

Monsieur le baron de Childenbrock me permettra-t-il d'avoir l'honneur...

DALIGNY.

De vous embrasser, mon cher Soliman.

SÉRAPHINE, *à part avec effroi.*

M. Soliman!

DODORE, *à part.*

C'est le maquignon!

SOLIMAN.

Comment! c'est vous, mon cher Daligny? Ah çà! mais permettez, ce n'est pas à vous, c'est au baron de Childenbrock que je veux acheter des chevaux.

DALIGNY.

Et c'est lui que vous voyez devant vous. Mon oncle, en me léguant ses richesses, m'a imposé l'obligation de porter son nom, qu'il avait illustré dans les affaires. J'ai accepté l'héritage avec les charges.

SOLIMAN.

J'en aurais fait autant à votre place, quand même mon oncle se serait appelé Barrabas ou Azor.

DALIGNY.

Mais vous ne connaissez encore que la moitié de mon bonheur; je vais me marier, et je vous présente celle qui va devenir ma femme.

Il lui présente Séraphine.

SOLIMAN, *à part.*

La bouquetière!

SÉRAPHINE, *à part.*

Je tremble; s'il allait parler!

DALIGNY.

Eh bien! comme vous regardez ma Séraphine! Est-ce que vous la connaissez?

SOLIMAN.

Moi? mais non: je croyais seulement... (*A part.*) Oh! parbleu! je tirerai parti de cette circonstance.

DALIGNY, *bas à Soliman.*

Si vous saviez quel ange je vais avoir! un modèle de vertu, d'innocence!

SOLIMAN, *à part.*

De vertu! d'innocence! Oh! le pauvre garçon! il me fait de la peine!

DALIGNY.

Vous arrivez à propos pour être de la noce, mon ami, car c'est aujourd'hui même que nous signons le contrat. Je vais envoyer chercher le notaire.

SOLIMAN.

Aujourd'hui? (*A part.*) Diable! je n'ai pas de temps à perdre!

Il s'approche insensiblement de Séraphine.

DALIGNY.

Monsieur mon secrétaire, vous avez suivi mes instructions pour la fête que je donne ce soir...

DODORE.

J'espère que monsieur le baron sera satisfait... fe

'artifice, concert, bal, illuminations ; rien ne manquera... (*Bas à Betzy.*) Vous y danserez la cachucha... je vous l'apprendrai.
BETZY.
Oh! yes, je voulais beaucoup fort !
SOLIMAN, *bas à Séraphine.*
Avant que vous n'épousiez un baron... charmante bouquetière, il me faut un moment d'entretien...
SÉRAPHINE.
Monsieur... vous ne devez rien avoir à me dire.
SOLIMAN.
Vous vous trompez, et je veux un rendez-vous à l'instant même.
SÉRAPHINE.
Monsieur, cessez de m'outrager.
DALIGNY, *à part.*
Comme Séraphine paraît troublée !...
SOLIMAN, *à part.*
Ah ! l'on fait la fière, eh bien ! l'on ne sera pas baronne !...
ENSEMBLE.
AIR : *Final du premier acte* (Cheval de Bronze).
SÉRAPHINE, *à part, en regardant Soliman.*
Je ne sais pourquoi
D'un vague effroi
Je me sens trembler malgré moi.
Sa présence ici
Peut aujourd'hui
Me priver encor d'un appui.
DALIGNY, *à part.*
Je ne sais pourquoi
D'un vague effroi
Je me sens ému malgré moi.
Séraphine aussi
Semble aujourd'hui
Toute troublée auprès de lui.
SOLIMAN, *à part.*
Je sais bien pourquoi
D'un vague effroi
Son cœur est troublé près de moi.
Ma présence ici
Doit aujourd'hui
Lui causer beaucoup de souci !
DODORE, Mme BOQUET, BETZY, *à part.*
Je ne sais pourquoi,
Mais j'entrevoi
Quelque mystère entre eux, je crois.
Chacun d'eux, ici,
Semble aujourd'hui
Éprouver un secret ennui.
DALIGNY, *à Séraphine.*
Dans un instant pour notre mariage
Je reviendrai...
SÉRAPHINE.
Pour mon cœur quel moment !
SOLIMAN, *à part.*
Puisque son cœur méprise mon hommage,
Ah ! nous aurons ici du changement !
Ils reprennent tous l'ensemble ci-dessus. Séraphine rentre à gauche avec Mme Boquet, tout en regardant Soliman, qui s'éloigne par le fond avec Daligny.

wwwwwwwwwwwwwwwwwwwwwwwwwwww

SCÈNE X.

DODORE, BETZY.

DODORE, *retenant Betzy par la main.*
Ah ! à nous deux maintenant, mademoiselle Betzy !
BETZY.
Qu'est-ce que vous voulez à moi, monsieur le secrétaire ?
DODORE.
Ce que je veux ?... d'abord vous dire que vous êtes charmante... ravissante... délirante...
BETZY.
Délirante... je comprenais pas...
DODORE.
Ça veut dire que je vous aime à la folie, et qu'il faut que je vous embrasse...
BETZY, *esquivant le baiser.*
Comment ! délirante, ça voulait dire tout ça...
DODORE.
Certainement ! oh ! la langue française est extrêmement riche, avec un mot nous disons toute une phrase...
BETZY.
Oh ! je voudrais bien savoir parler comme vous... vous, il avait promis de montrer à moi son parlement.
DODORE.
Mon parlement... c'est très-facile.

AIR *de l'Anglais en bonne fortune.*

Je vous apprendrai,
Je vous montrerai,
Vous saurez vite, j'espère ;
Pour moi quel plaisir !
Je dois réussir
Auprès de mon écolière ;
Je veux, dans une leçon,
D'un jeune homme de bon ton
Vous apprendre le jargon.

Par exemple : si un vieux fashionable, vous ayant aperçue au spectacle ou à la promenade, vous dit qu'il vous aime, qu'il vous adore... vous, pour lui faire comprendre que vous ne répondez pas à son amour, vous n'avez que ça à lui dire : *L'* plus souvent !... et il s'en va tout de suite sans demander son reste.

Oui, c'est ainsi qu'en France
On s'exprime maintenant ;
Ce langage, je pense,
S'apprend très-facilement.
Mais, c'est bien plus fort,
Nous avons encor
Une nouvelle manière :
Parfois un seul mot,
Sait rendre aussitôt
Une phrase tout entière ;
Pour peu que l'on ait été
Dans la belle société,
Ce langage est adopté.

Tenez, écoutez bien ; je veux exprimer qu'une toilette est de mauvais goût… qu'un habit n'est plus à la mode… qu'une étoffe est vieille ; eh bien, je n'ai qu'à dire ce seul mot : rococo !… et ça exprime tout ça.

BETZY.

Rococo ?… ça voulait dire vieil habit !… oh ! que c'était drôle !

ENSEMBLE.

Oui,
Quoi ! } c'est ainsi qu'en France
On s'exprime maintenant ;
Ce langage, je pense,
S'apprend très-facilement.

BETZY.

Mais ce n'était pas tout… vous, il avait promis de m'apprendre à danser le cache-cache…

DODORE.

La cachucha !… c'est la danse la plus en vogue maintenant… c'est une fureur, à Paris ; tous les théâtres ont des Espagnols !… ceux qui n'en ont pas en font.

BETZY.

Oh ! si vous montriez à moi tout de suite…

DODORE.

J'y consens… mais je vous préviens qu'on s'embrasse en dansant et avant de danser, c'est dans la figure.

BETZY, *baissant les yeux*.

Si c'était dans le figure, il faut bien laisser faire.

DODORE.

Très-bien (*il l'embrasse*); je vais vous donner votre première leçon… tenez, prenez ceci ; j'ai toujours l'accompagnement dans ma poche. (*Il lui donne des castagnettes.*) Ah ! vous trouverez peut-être que je suis un peu petit pour être votre cavalier… mais, en France, ce sont les petits hommes qui dansent le mieux.

BETZY.

Oh ! non, non, je trouvais pas vous trop petit, c'était plutôt vous qui trouvait moi trop grande.

DODORE.

Trop grande ?… au contraire, je suis fou des grandes femmes, moi ; il me semble que ça me hausse de quatre pouces. (*A part.*) Elle est à croquer ! Décidément j'adore le plum-puding et les Anglaises… tant pis pour Mlle Tourloure. (*Haut.*) Allons, attention, faites comme moi, et les pieds en dehors…

Dodore donne à Betzy une leçon de danse : il lui montre la cachucha. La petite Anglaise fait les pas après lui ; ils finissent par danser ensemble. A la fin, Dodore embrasse Betzy : en ce moment Daligny paraît au fond.

DODORE, *apercevant Daligny*.

M. Daligny ! sauve qui peut !

Il sort en courant d'un côté, et Betzy de l'autre.

SCÈNE XI.

DALIGNY, *seul, dans le plus grand trouble*.

Oh ! non… non… c'est impossible… et pourtant Soliman vient de me l'assurer… il l'a vue de ses propres yeux… n'importe, je ne puis le croire… elle ! à la figure si candide, aux paroles si naïves, m'avoir trompé à ce point !… ah ! il ne faudrait plus croire à la vertu sur la terre… je l'aperçois… tâchons de maîtriser mon trouble…

SCÈNE XII.

DALIGNY, SÉRAPHINE.

Séraphine sort de la pièce à gauche ; elle est en grande toilette de mariée.

SÉRAPHINE.

Me voici, mon ami… j'ai mis la toilette que vous m'avez envoyée… me trouvez-vous bien ainsi ?…

DALIGNY.

Oui… oui… vous êtes fort bien.

SÉRAPHINE.

Si je me pare, c'est pour faire honneur au nom que je vais porter… moi, votre épouse, ah ! j'étais si loin d'espérer un tel bonheur !

DALIGNY.

Vous aviez peut-être des raisons pour penser que cette union était peu probable.

SÉRAPHINE.

Des raisons… mais… (*Elle le regarde.*) Mon Dieu… comme votre figure est altérée… qu'avez-vous donc, mon ami ?

DALIGNY.

Moi ?…

SÉRAPHINE, *à part*.

Soliman aurait-il effectué ses menaces… ah !… ce serait affreux !…

DALIGNY.

Ce sont des nouvelles que j'ai reçues de Paris… qui m'occupent… c'est Soliman qui me les a apportées.

SÉRAPHINE, *vivement*.

M. Soliman !

DALIGNY, *à part*.

Elle se trouble… (*Haut.*) Comme ce nom vous émeut !… vous avez connu Soliman à Paris…

SÉRAPHINE.

Moi… mais je crois… je ne sais plus…

DALIGNY.

Oh ! il vous connaît bien, lui… et puis un autre de ses amis… celui dont une fois je vous aidai à fuir les outrages… et qu'ensuite vous avez trouvé plus doux d'écouter… M. Dersy…

SÉRAPHINE, *à part*.

Dersy !… je suis perdue !…

DALIGNY, *à part*.

Elle est coupable… Soliman ne m'en a point imposé. (*Haut, avec force.*) Séraphine !… il est donc vrai… vous m'avez trompé !

SÉRAPHINE.
Moi ! vous tromper... jamais.
DALIGNY.
Nierez-vous que vous ayez été bouquetière aux Champs-Élysées ?...
SÉRAPHINE.
Bouquetière... en effet... je l'ai été.
DALIGNY.
Et jusqu'à présent vous m'en aviez fait un mystère... pourquoi me cacher cette circonstance de votre vie, si vous n'aviez rien à vous reprocher...
SÉRAPHINE.
C'est qu'on est quelquefois forcé de mettre autant de soin à cacher une bonne action que s'il s'agissait d'une faute.
DALIGNY.
Quel motif aviez-vous donc pour prendre cet état ?...

SÉRAPHINE.

AIR de Lestocq.

Quelqu'un était dans le malheur ;
Pour le secourir ne sachant que faire,
Moi, je m'établis bouquetière,
Car je n'avais consulté que mon cœur.
Si je fis mal, hélas !
Je ne sais pas ;
En vendant mes bouquets,
Je me disais :
Heureuse de pouvoir offrir
Le faible fruit de ce léger commerce !
Quand avec honneur on l'exerce,
Aucun état ne doit faire rougir.

DALIGNY.
Aussi, n'est-ce point cet état que je vous reproche... mais les aventures qui en furent la suite... ces hommes qui vous firent la cour... et ce Dersy... ah ! mon sang bouillonne en prononçant son nom... Séraphine, on vous a vue... vous avez consenti à vous trouver seule avec lui.
SÉRAPHINE, *à part*.
Ah ! malheureuse !...
DALIGNY.
Vous n'osez point démentir ce fait... il est donc vrai ? et j'en doutais encore... vous... que j'aimais tant !... vous avez été la maîtresse de Dersy !...
SÉRAPHINE.
Sa maîtresse !... oh ! vous ne le croyez pas...
DALIGNY.
Que je ne le croie pas ! lorsque vous avouez lui avoir accordé ce tête-à-tête qu'il vous demandait...
SÉRAPHINE, *à part*.
Pourquoi chercherais-je à me justifier ! ses soupçons me disent assez que tout est fini pour moi !
DALIGNY, *d'un ton plus calme*.
Vous gardez le silence, mademoiselle ; aussi bien toute autre explication serait superflue... je n'ai pas le droit de vous adresser des reproches... mais j'ai celui de me dégager d'une promesse dont le passé rend l'exécution impossible.
SÉRAPHINE.
Vous avez raison, monsieur... (*Elle ôte son bouquet de mariée et le dépose sur une table.*) Et je dois quitter ces lieux pour n'y revenir jamais.
Elle porte son mouchoir à ses yeux.

AIR : *C'est qu'il était là*. (Madeleine).

Pardonnez si je pleure...
Mais, un moment, mon cœur
A, dans cette demeure,
Cru trouver le bonheur...
Je pars (*bis*), recevez mes adieux ;
Un jour (*bis*) vous me jugerez mieux !

*Elle va pour sortir ; mais M*me *Boquet, qui est entrée sur la fin du couplet, l'arrête.*

~~~~~~~~~~~~~~~~~~~~~~~~~~~~~~~

SCÈNE XIII.

Les Mêmes, Mme BOQUET.

Mme BOQUET, *prenant Séraphine par la main*.
Non, je ne veux pas que vous partiez... car j'ai tout entendu et si vous n'avez pas jugé à propos de vous justifier, moi, je m'en charge... vous resterez, vous dis-je.
DALIGNY.
Pourquoi retenir mademoiselle, à présent que je connais toute la vérité ?
Mme BOQUET.
Vous, monsieur ? vous ne connaissez rien du tout.
DALIGNY.
Comment ?
Mme BOQUET.
Car si vous saviez ce que je sais, au lieu de congédier cette chère enfant comme vous le faites, vous lui demanderiez pardon, vous la supplieriez à genoux de ne pas s'éloigner, et vous vous dépêcheriez bien vite de l'épouser, ou vous ne seriez qu'un pas grand' chose, et je rougirais toute ma vie d'avoir été votre femme de ménage.
DALIGNY.
Qu'est-ce à dire ? moi, j'épouserais celle qui m'a si indignement trompé !
Mme BOQUET.
Oui, monsieur ; vous devez l'épouser, et plutôt deux fois qu'une.
DALIGNY.
Ah ! c'est trop fort !
Mme BOQUET.
C'est pourtant comme ça ; parce que si cette jeunesse s'est mise dans les bouquets, c'était pour...
SÉRAPHINE.
De grâce, vous m'aviez promis...
Mme BOQUET.
De garder le secret sur votre belle conduite, c'est vrai : mais aujourd'hui qu'on la fait tourner contre vous, je parlerai... oui, je parlerai, et l'on verra que lorsqu'il s'agit de défendre la vertu, la veuve Boquet n'a pas sa langue dans un étui.
DALIGNY.
Expliquez-vous.
Mme BOQUET.
Oui, monsieur, si mademoiselle a vendu du jasmin

et du réséda, c'était pour nourrir de son travail celui qui l'accuse aujourd'hui.

SÉRAPHINE.

Madame Boquet...

Mme BOQUET, *s'animant.*

C'est qu'après avoir donné les mille francs qu'elle possédait, pour le sauver de la prison, il ne lui restait plus rien pour le secourir à son insu dans sa maladie... c'est qu'elle est la plus vertueuse comme la plus modeste des filles.

DALIGNY.

Ah! Séraphine! un si généreux dévouement...

Mme BOQUET.

Et ce tête-à-tête qui vous tient tant au cœur, c'est encore pour vous qu'elle l'a accepté : elle voulait par là empêcher M. Dersy d'aller se battre avec vous, et vous sauver ainsi quelque bonne estafilade qui aurait fait le pendant de votre coup de pistolet... mais elle me l'a dit, elle est sortie pure de cette épreuve. Allons, monsieur, renvoyez-la, chassez-la à présent, si vous en avez le courage.

DALIGNY.

Ah! vous aviez raison, c'est à genoux que je dois implorer ma grâce.

SÉRAPHINE.

Que dites-vous, Ernest? tout m'accusait, vous deviez me croire coupable.

DALIGNY.

Mais pourquoi ne pas m'avoir appris vous-même les motifs généreux de votre conduite?

SÉRAPHINE.

C'est que je connaissais votre cœur, Ernest; je savais que vous auriez foi en ma justification, que vous me jugeriez toujours digne de votre main, et qu'alors ce serait pour vous et pour moi un surcroît d'affliction quand il faudrait nous séparer.

DALIGNY.

Nous séparer!

SÉRAPHINE.

Il le faut, mon ami, il le faut.

DALIGNY.

Oh! jamais.

SÉRAPHINE.

Écoutez-moi : tant que j'ai pu croire que je n'avais d'autre confident de mon action, criminelle en apparence, que celui qui sait comme moi qu'elle ne le fut pas, j'ai pu consentir à devenir votre épouse, car j'avais la certitude que personne n'avait le droit de m'accuser; mais aujourd'hui que M. Soliman est maître de mon secret, qu'il peut penser que je suis coupable, je ne veux pas que votre honneur soit à sa merci, je ne veux pas que, sur un propos de cet homme, on puisse dire dans le monde que vous avez épousé une fille déshonorée.

DALIGNY.

Eh! que m'importe le monde? est-ce donc de lui que j'attends mon bonheur? oh! non, non, ma Séraphine, c'est de vous, de vous seule qu'il dépend.

SÉRAPHINE.

Vous-même, Ernest, pourriez-vous répondre que jamais le doute ne pénétrerait dans votre esprit? et cette conviction de mon innocence que vous avez aujourd'hui, ne m'est-il pas permis de craindre qu'elle ne s'affaiblisse avec le temps? je vous le dis, mon ami, cette pensée me poursuivrait sans cesse auprès de vous, elle empoisonnerait mes jours et peut-être les vôtres... et puisqu'il ne m'est pas possible en acceptant votre nom de vous prouver que je suis digne de le porter, je dois renoncer à un bonheur que ne réaliserait peut-être pas l'avenir.

DALIGNY.

Oh! non, ma Séraphine, vous ne serez pas cruelle à ce point, vous ne me réduirez pas au désespoir.

SÉRAPHINE.

Hélas! mon cœur est aussi navré que le vôtre; mais ma résolution est prise et je l'accomplirai : ce sera la dernière preuve que je donnerai de mon amour et de mon dévouement pour vous. Je vais tout préparer pour mon départ, et dans une heure... un éternel adieu.

DALIGNY.

Séraphine!

SÉRAPHINE, *rentrant.*

Ernest, je n'étais pas née pour être heureuse!

SCENE XIV.

Mme BOQUET, DALIGNY, *assis.*

Mme BOQUET.

Eh bien! monsieur Daligny, qu'en dites-vous, de cet ange-là? y a-t-il sa pareille sous la calotte des cieux?

DALIGNY.

Et la perdre pour jamais!

Mme BOQUET.

Dire que sans ce M. Soliman... maquignon de malheur! si je te tenais...

SCENE XV.

LES MÊMES, SOLIMAN.

SOLIMAN, *au fond.*

Mais laissez-moi donc entrer! ne me reconnaissez-vous pas? je suis l'ami intime de M. le baron.

Mme BOQUET, *allant à lui.*

Vous voilà donc, serpent! vipère!

SOLIMAN.

Qu'est-ce à dire? mère Boquet, vous oubliez que ce ne sont pas là mes noms de baptême.

Mme BOQUET.

Vous mériteriez d'être haché comme chair à pâté.

SOLIMAN.

Ne m'approchez pas! cette femme a été mordue par un chien non muselé. (*Allant à Daligny.*) Mo bon ami, je venais...

DALIGNY.

C'est donc vous qui osez, par vos mensonges, ter nir la réputation de la plus vertueuse des femmes

SOLIMAN, *à part.*

Lui aussi !

DALIGNY.

L'infâme ! calomnier l'innocence même !

SOLIMAN.

Moi, je n'ai calomnié personne : je vous ai dit ce que j'avais vu, de mes propres yeux vu, voilà tout. D'ailleurs, il y a là quelqu'un dans le jardin qui, au besoin, peut appuyer mon témoignage.

DALIGNY.

Quelqu'un, dites-vous ? et qui donc ?

SOLIMAN.

Eh parbleu ! le héros de l'aventure, l'ami Dersy.

DALIGNY.

M. Dersy ?

SOLIMAN.

Lui-même, mon cher; il arrive en Angleterre, et je venais de sa part vous demander quelques minutes d'entretien.

DALIGNY.

Ah ! qu'il vienne, qu'il vienne à l'instant même ! il me tarde de le voir.

SOLIMAN.

Il va vous prouver que je suis marchand de chevaux et non pas un calomniateur.

Mme BOQUET, *à part.*

M. Dersy va venir... ah ! courons prévenir cette pauvre enfant... sa vie, son honneur vont dépendre de cet entretien.

Elle rentre.

DALIGNY, *à part.*

Mon sort va donc se décider... Que va me dire Dersy ? ah ! malgré moi, je me sens frémir.

~~~~~~~~~~~~~~~~~~~~~~~~~~~~~~~~~~

SCÈNE XVI.

DALIGNY, DERSY, SOLIMAN, *puis* SÉRAPHINE
et Mme BOQUET.

SOLIMAN, *amenant Dersy.*

Venez, mon cher, M. le baron est prêt à vous recevoir.

DERSY.

Voudrez-vous bien m'excuser, monsieur, si j'ai tant tardé à répondre au cartel que vous m'aviez envoyé ?

DALIGNY.

En effet, monsieur, il y a trois mois que nous devions nous rencontrer au bois de Boulogne, et c'est en vain que je vous ai attendu.

DERSY.

Une circonstance imprévue me fit ce soir-là manquer à votre rendez-vous. Le lendemain je voulus me mettre à votre disposition, mais vous étiez parti. Ce n'est que depuis peu que j'ai appris votre séjour en Angleterre; aussitôt je me suis mis en route et me voici.

SOLIMAN, *riant.*

Le baron connaît la circonstance imprévue.

DERSY.

En ce cas, elle doit me valoir mon excuse, car la bouquetière des Champs-Élysées était si jolie, et jusqu'alors personne n'avait pu s'en faire écouter; monsieur Soliman lui-même avait été assez rudement éconduit.

DALIGNY, *regardant Soliman avec colère.*

Ah ! monsieur Soliman voulait aussi...

SOLIMAN.

Moi ! il n'en est rien,... Je me suis contenté de lui acheter quelques bouquets. Je le répète, je déteste les brunes.

Mme BOQUET, *entr'ouvrant la porte et tenant Séraphine.*

Ils sont là, mon enfant; du courage !

SÉRAPHINE.

O mon Dieu, protégez-moi !

DERSY.

Bref, le soir de notre rendez-vous, je rencontre cette jeune fille, mais elle n'est plus la même avec moi, elle m'écoute, me sourit, et accepte sur-le-champ un souper que je lui propose.

SOLIMAN.

Eh bien ! qu'avais je dit ?

SÉRAPHINE, *à part.*

Ah ! mes forces m'abandonnent.

DALIGNY.

Achevez, de grâce.

DERSY.

Que vous dirai-je ? l'heure de notre duel était arrivée, mais le tête-à-tête me promettait tant de bonheur ! je n'eus pas le courage de laisser échapper une telle bonne fortune.

SOLIMAN.

Et l'ivresse du plaisir vous fit oublier l'appel de l'honneur.

SÉRAPHINE, *à part.*

Je suis perdue !

DERSY.

Monsieur Soliman se trompe; car à peine fus-je seul avec la belle Séraphine, qu'elle se jeta à mes pieds, m'apprit qu'elle vous aimait, que déjà elle avait causé notre premier duel, et qu'en m'accordant ce tête-à-tête, elle n'avait voulu qu'empêcher le second. Enfin, elle implora ma pitié, ma générosité, en jurant qu'elle ne survivrait pas à son déshonneur. Ah ! j'aurais été indigne du nom d'homme si j'avais abusé de sa position. Touché de son désespoir, de son noble dévouement, je m'empressai de sécher ses larmes, de la laisser libre et je lui promis même de ne me battre avec vous que si vous l'exigiez encore.

SÉRAPHINE, *poussant un cri et allant se jeter dans les bras de Daligny.*

Ah ! vous l'entendez, je suis encore digne de vous.

DALIGNY.

Chère Séraphine !

DERSY.

Elle était là !

SOLIMAN.

Alors, Dersy n'a pas gagné les mille écus.

Mme BOQUET.

Oh ! je savais bien, moi, qu'elle n'était pas coupable.

DALIGNY.

Dersy, permettez-moi de serrer la main du meilleur de mes amis... par votre noble franchise, vous venez d'assurer le bonheur de ma vie.

DERSY.

Ah! je sens en ce moment qu'une bonne action vaut mieux qu'une bonne fortune.

SCENE XVII.

LES MÊMES, DODORE, BETZY.

DODORE.

Monsieur le baron, le notaire vient d'arriver.

DALIGNY.

Allons signer le contrat; mais auparavant, chère Séraphine, reprenez ce bouquet que vous n'auriez jamais dû quitter.

Il rend à Séraphine le bouquet de fleur d'oranger.

DERSY, à *Soliman, pendant ce mouvement.*

A nous deux, monsieur Soliman... J'ai rencontré Olga dernièrement; elle m'a appris que c'était vous qui m'aviez desservi auprès d'elle. Vous comprenez que cela ne peut se passer ainsi; demain matin j'irai vous trouver avec des armes.

SOLIMAN, à *part.*

Ah! mon Dieu! (*Haut.*) Demain, ça suffit, monsieur... demain, il fera jour. (*A part.*) Aujourd'hui même, je repars pour la France, et si je ne trouve pas de paquebot, je fais le trajet à la nage.

ENSEMBLE.

Livrons tous nos cœurs à l'allégresse,
Soyons en ce jour
Tout à l'amour.
Ici plus d'ennuis, plus de tristesse,
Cet hymen heureux
Comble nos vœux.

FIN.

Imprimerie de Ve DONDEY-DUPRÉ, rue Saint-Louis, n° 46, au Marais.

www.ingramcontent.com/pod-product-compliance
Lightning Source LLC
Chambersburg PA
CBHW060559050426
42451CB00011B/1992